# LA RAGE ET L'ORGUEIL

# Oriana Fallaci

# LA RAGE
# ET
# L'ORGUEIL

*Traduit de l'italien par Victor France*
*avec la collaboration de l'Auteur*

Plon

Titre original

LA RABBIA E L'ORGOGLIO

ISBN original : 88-17-86983-X
ISBN Plon : 2-259-19712-4

*À mes parents, Edoardo et Tosca Fallaci,*
*qui m'apprirent à dire la vérité*
*et à mon oncle, Bruno Fallaci,*
*qui m'apprit à l'écrire.*

# Au Lecteur

Moi j'avais choisi le silence. J'avais choisi l'exil. Car en Amérique, l'heure est venue de le crier haut et fort, je vis comme une réfugiée. J'y vis dans l'exil politique que je m'imposai au même moment que mon père il y a plusieurs années. C'est-à-dire lorsque nous nous rendîmes compte, tous deux, que vivre coude à coude avec une Italie où les idéaux gisaient dans les ordures était devenu une entreprise trop difficile, trop douloureuse, et que déçus blessés insultés nous décidâmes de couper les ponts avec la plupart de nos compatriotes. Lui, se retirant sur une colline lointaine du Chianti où la politique à laquelle il avait consacré sa vie d'homme probe et intègre n'arrivait pas. Moi, errant par le monde puis me fixant à New York où l'océan Atlantique me séparait de la politique de ces compatriotes. Un tel parallélisme peut sembler paradoxal, je le sais. Mais lorsque l'exil habite

9

une âme déçue blessée insultée, crois-moi, la géographie ne compte pas. Lorsqu'on aime son pays (et qu'à cause de son pays on souffre) il n'y a aucune différence entre faire le Cincinnatus sur une colline lointaine du Chianti en la seule compagnie de ses chiens, ses chats, ses poules, et faire l'écrivain dans une île de gratte-ciel encombrée de millions d'habitants. La solitude est identique. Le sentiment de défaite, le même.

D'ailleurs, New York a toujours été le Refugium Peccatorum *des réfugiés politiques, des exilés. En 1850, après la chute de la République Romaine et la mort d'Anita et la fuite d'Italie, même Giuseppe Garibaldi vint ici : n'est-ce pas ? Il arriva le 30 juillet de Liverpool, sans un sou et tellement en colère qu'aussitôt débarqué il déclara je-veux-demander-la-citoyenneté-américaine, et pendant deux mois il habita à Manhattan. Dans la maison du marchand livournais Giuseppe Pastacaldi. Au numéro 26 de la rue nommée Irving Place. (Adresse que je connais bien puisque c'est à cet endroit que chercha asile, en 1861, mon arrière-grand-mère Anastasìa : à son tour enfuie d'Italie). Ensuite il se déplaça à Staten Island, pauvre Garibaldi, à l'invitation du Florentin Antonio Meucci, le futur inventeur du téléphone, et pour joindre les deux bouts à Staten Island il ouvrit une fabrique* de saucissons qui fut un échec immédiat et total. Aussi la transforma-t-il en une usine de bougies et dans l'auberge de Manhattan où tous les samedis soir il allait jouer aux cartes, l'auberge Ventura sur Fulton Street, la veille de Noël 1850 il laissa un billet qui disait : « Damn the sausages, bless the candles. God save Italy if he can. – Maudits soient les saucissons, bénies soient les bougies. Que Dieu sauve l'Italie s'il le peut. » Et, avant lui, regarde qui vint. En 1833, Piero Maroncelli : l'écrivain romagnol qui dans l'impitoyable prison du Spielberg s'était trouvé dans la même cellule que Silvio Pellico (celle où les Autrichiens l'avaient amputé de la jambe gangrenée), et qui à New York mourut treize ans après de misère et de nostalgie. En 1835, Federico Confalonieri : l'aristocrate milanais que les Autrichiens avaient condamné à mort mais que son épouse, Teresa Casati, avait sauvé en se jetant aux pieds de l'empereur François-Joseph. En 1836, Felice Foresti : le lettré ravennais dont les Autrichiens avaient commué la peine de mort en vingt ans de Spielberg mais qui cette année-là avait été libéré. Et que New York avait accueilli en lui donnant la chaire de littérature au Columbia College. En 1837, les douze Lombards destinés au gibet mais graciés au dernier moment par les Autrichiens (qui au bout du compte se

11

*comportaient mieux que le Pape et les Bour-*
*bons). En 1838, le général Giuseppe Avezzana*
*qui avait été condamné à mort par contumace*
*pour avoir participé aux premiers mouvements*
*constitutionnels du Piémont. En 1846, le mazzi-*
*nien Cecchi-Casali qui à Manhattan fonda le*
*journal* L'Esule Italiano. *En 1849, le secrétaire*
*de l'Assemblée constituante romaine Quirico*
*Filopanti...*

*Et ce n'est pas tout. Parce que après*
*Garibaldi beaucoup d'autres se rendirent en ce*
Refugium Peccatorum. *En 1858, par exemple,*
*l'historien Vincenzo Botta qui, en tant que pro-*
*fesseur émérite, enseigna à la New York Univer-*
*sity pendant vingt ans. Et au début de la Guerre*
*Civile, c'est-à-dire le 28 mai 1861, précisément*
*ici se formèrent les deux unités de volontaires*
*italiens que Lincoln aurait passées en revue à*
*Washington la semaine suivante : l'Italian Legion*
*qui portait sur le drapeau américain un grand*
*ruban blanc et rouge et vert où il était écrit*
*« Vincere o Morire », Vaincre ou Mourir, et les*
*Garibaldi Guards. Ou bien le 39th New York*
*Infantry Regiment qui au lieu du drapeau améri-*
*cain portait le drapeau italien avec lequel Gari-*
*baldi avait combattu en 1848 en Lombardie et*
*en 1849 à Rome. Oui, les mythiques Garibaldi*
*Guards. Le mythique 39e Régiment d'Infanterie*

qui durant les quatre années fratricides se distingua dans les batailles les plus difficiles et les plus sanglantes : First Bull Run, Cross Keys, Gettysburg, North Anna, Bristoe Station, Po River, Mine Run, Spotsylvania, Wilderness, Cold Harbor, Strawberry Plain, Petersburg, Deep Bottom, et ainsi de suite jusqu'à Appomattox. Si tu ne me crois pas, regarde l'obélisque qui se trouve à Gettysburg dans le cimetière de Ridge, et lis la plaque qui exalte les Italiens morts le 2 juillet 1863 pour reprendre les canons capturés par les sudistes du général Lee au nordiste 5 th Regiment US Artillery. « Passed away before life's noon / Who shall say they died too soon ? / Ye who mourn, oh, cease from tears / Deeds like these outlast the years. »

Quant aux expatriés qui pendant le fascisme trouvèrent asile à New York, ils ne se comptent pas. Et souvent il s'agit d'hommes (presque tous intellectuels de grande valeur) que j'ai connus dans mon enfance ou mon adolescence parce qu'ils étaient compagnons de mon père, donc militants de « Giustizia e Libertà » : le mouvement fondé par Carlo et Nello Rosselli, les deux frères assassinés par les Cagoulards sur ordre de Mussolini. (En 1937, à Bagnoles-de-l'Orne, près d'Alençon, à coups de revolver...) Parmi ces compagnons, Girolamo Valenti qui

*achemina et dirigea le quotidien antifasciste* Il
Mondo Nuovo, *Armando Borghi qui organisa
avec Valenti la Résistance italo-américaine,
Carlo Tresca et Arturo Giovannitti qui insti-
tuèrent avec Max Ascoli « The Antifascist
Alliance of North America ». Et, depuis 1927,
mon bien aimé Gaetano Salvemini qui s'installa
bientôt à Cambridge (Université de Harvard)
pour enseigner l'histoire de l'Italie et qui pendant quatorze ans accabla les Américains avec
ses conférences contre Hitler et Mussolini. (De
l'une d'elles j'ai l'affiche. Je la garde dans mon
living-room, précieusement encadrée en argent,
et elle dit : « Sunday, May 7th 1933 at 2,30 p.m.
Antifascist Meeting. Irving Plaza hotel, Irving
Plaza and 15th Street, New York City. Professor
G. Salvemini, International-Known Historian,
will speak on Hitler and Mussolini. The meeting
will be held under the auspices of the Italian
Organization Justice and Liberty. Admission,
25 cents »). En 1931, son grand ami Arturo Toscanini que Costanzo Ciano (le père de Galeazzo
et le beau-père d'Edda, l'aînée de Mussolini)
venait de gifler car au cours d'un concert à
Bologne il avait refusé d'exécuter l'hymne cher
aux Chemises Noires : « Giovinezza, Giovinezza, Primavera di Bellezza. » En 1940
Alberto Tarchiani, Alberto Cianca, Aldo*

14

Garosci, Nicola Chiaromonte, Emilio Lussu, qui
à Manhattan retrouvèrent Randolfo Pacciardi
puis don Sturzo et qui avec eux créèrent la
« Mazzini Society » puis l'hebdomadaire Nazioni
Unite...

Je veux dire : ici je me trouve en bonne
compagnie. Quand l'Italie qui n'est pas l'Italie
malsaine dont je parlais au début me manque (et
elle me manque toujours), je n'ai qu'à appeler
ces nobles modèles de ma prime jeunesse : me
fumer une cigarette avec eux, leur demander de
me consoler un peu. Donnez-moi-la-main, Salvemini. Donnez-moi-la-main, Cianca. Donnez-moi-
la-main, Garosci. Aidez-moi-à-penser-que-je-ne-
suis-pas-seule. Ou bien je n'ai qu'à évoquer
les glorieux fantômes de Garibaldi, Maroncelli, Confalonieri, Foresti, etc., leur faire une
belle révérence, leur offrir un verre de cognac,
puis mettre le disque de Nabucco joué par
l'Orchestre Philharmonique de New York et
dirigé par Arturo Toscanini. L'écouter en leur
compagnie. Et lorsque me manque Florence,
lorsque me manque la Toscane (ce qui m'arrive
encore plus souvent), je n'ai qu'à sauter dans un
avion pour m'y rendre. En cachette, cependant,
comme faisait Mazzini quand il quittait son exil
de Londres pour aller à Turin et retrouver sa
Giuditta Sidoli. À Florence et en Toscane je vis

*beaucoup plus qu'on ne le pense. Souvent, des mois et des mois ou une année entière. Si on ne le sait pas c'est parce que j'y vais à la Mazzini. Et si j'y vais à la Mazzini c'est parce que j'abhorre l'idée d'y croiser les soi-disant compatriotes à cause desquels mon père est mort en exil sur la lointaine colline, et moi je continue à loger dans cette île de gratte-ciel encombrée de millions d'habitants.*

*Conclusion : l'exil requiert discipline et cohérence. Vertus auxquelles j'ai été éduquée par deux parents extraordinaires. Un père qui avait la force d'un Mucius Scaevola, une mère semblable à la Mère des Gracques, et aux yeux desquels la sévérité était un antibiotique contre la goujaterie. Et par discipline, par cohérence, pendant ces années je suis restée muette et dédaigneuse comme un loup. Un vieux loup qui se consume dans le désir de dévorer les moutons, de croquer les lapins, et qui pourtant parvient à se retenir. Mais il y a des moments dans la vie où se taire devient une faute, et parler une obligation. Un devoir civil, un défi moral, un impératif catégorique auquel on ne peut se soustraire. Ainsi, dix-huit jours après l'apocalypse de New York, je brisai mon silence avec le très long article qui, déchaînant l'Enfer, parut dans un journal italien puis dans des journaux étrangers.*

*Et aujourd'hui j'interromps (je ne romps pas : j'interromps) mon exil avec ce petit livre qui pratiquement double le texte de l'article. Il est donc nécessaire que j'explique pourquoi il le prolonge, comment il le prolonge, et de quelle façon ce petit livre est né.*

* * *

*Il est né à l'improviste. Il a éclaté comme une bombe. De façon inattendue comme la catastrophe qui le matin du 11 septembre 2001 a réduit en cendres des milliers de personnes et pulvérisé deux des plus beaux bâtiments de notre époque : les Tours du World Trade Center. La veille de la catastrophe, je pensais à bien autre chose. Je travaillais au roman que j'appelle mon-enfant. Un roman très long et très absorbant qu'au cours de ces années je n'ai jamais abandonné, que tout au plus j'ai laissé dormir quelques semaines ou mois pour me faire soigner dans quelque hôpital ou pour mener dans les archives et les bibliothèques les recherches sur lesquelles il est construit. Un enfant très difficile, très exigeant, dont la gestation a duré une bonne partie de ma vie d'adulte, dont l'accouchement a commencé grâce à la maladie qui me tuera, et dont le premier vagisse-*

ment on l'entendra Dieu sait quand. Peut-être lorsque je serai morte. (Pourquoi pas ? Les œuvres posthumes ont l'avantage exquis de vous épargner les bêtises et les perfidies de ceux qui sans savoir écrire ni même concevoir un roman prétendent juger ou mieux rudoyer la personne qui l'a conçu et écrit.) Ce 11 septembre je pensais à mon enfant, donc, et surmonté le choc je me dis : « Je dois oublier ce qui s'est passé et qui se passe. Je dois m'occuper seulement de lui, sinon je vais le perdre. » Ainsi, en serrant les dents, je m'assis à mon bureau. Je repris les pages écrites le jour précédent, je cherchai à retrouver mes personnages. Créatures d'un monde éloigné, d'une époque où les avions et les gratte-ciel n'existaient pas sûrement. Mais cela dura très peu. La puanteur de la mort entrait par les fenêtres, des rues désertes montait la stridence obsédante des ambulances, le téléviseur laissé allumé par angoisse et par désarroi étincelait répétant sans cesse les images que je voulais oublier. Et tout d'un coup je sortis. Je cherchai un taxi, je n'en trouvai pas, je me mis à marcher en direction des Tours qui n'existaient plus, et...

    Ensuite je ne savais pas quoi faire. Comment me rendre utile, servir à quelque chose. Et juste au moment où je me demandais qu'est-ce-

*que-je-fais, qu'est-ce-que-je-fais, la télévision montra les Palestiniens qui fous de joie célébraient l'hécatombe. Ils hurlaient Victoire-Victoire. Puis, quelqu'un me rapporta qu'en Italie des gens les imitaient en ricanant bien-fait-pour-les Américains, aux-Américains-ça-leur-va-bien. Et alors, avec l'élan d'un soldat qui surgit de la tranchée et se lance contre l'ennemi, je me jetai sur la machine à écrire. Je me mis à faire la seule chose que je savais faire, que je pouvais faire : écrire. Des notes convulsives, très souvent désordonnées. Et que je prenais pour moi-même, c'est-à-dire en m'adressant à moi-même. Idées, réflexions, souvenirs, invectives qui de l'Amérique volaient en Italie, de l'Italie sautaient aux pays musulmans, des pays musulmans rebondissaient en Amérique. Concepts que pendant des années j'avais emprisonnés dans ma tête et mon cœur en me disant que de-toute-façon-les-gens-sont-sourds, ils-n'écoutent-pas, ils-ne-veulent-pas-écouter. Ils jaillissaient comme une source d'eau fraîche, maintenant. Ils dégringolaient comme une cascade, comme un pleur irrépressible. Et ici laisse-moi te confier une chose que j'ai toujours cachée. Avec les larmes je ne pleure pas. Même si une violente douleur physique me saisit, même si une peine lancinante me déchire, rien ne sort de mes glandes lacrymales. Il s'agit d'un dysfonctionnement neurologique, d'une mutilation physiologique, que je traîne dans moi depuis plus d'un demi-siècle. C'est-à-dire depuis le 25 septembre 1943, le samedi où les Alliés bombardèrent Florence pour la première fois et commirent un tas d'erreurs. Au lieu de viser l'objectif, la gare ferroviaire que les Allemands utilisaient pour le transport des armes et des troupes, ils frappèrent le quartier attenant et le vieux cimetière de la place Donatello. Le Cimetière des Anglais, celui où Elizabeth Barrett Browning est enterrée. Moi j'étais avec mon père près de l'église de l'Annonciation, à trois cents mètres de la place Donatello, lorsque les bombes commencèrent à tomber. Pour y échapper nous nous réfugiâmes à l'intérieur, et... Je ne la connaissais pas, moi, l'horreur d'un bombardement. C'était la première fois que je me trouvais sous un bombardement... Et mon Dieu ! À chaque explosion les solides murs de l'église se balançaient comme des arbres investis par la tempête, les vitraux éclataient, le sol se soulevait, l'autel oscillait, le prêtre hurlait : « Jésus ! Aide-nous, Jésus ! » Tout d'un coup je me mis à pleurer. De façon silencieuse, remarque bien, retenue. Pas de gémissements, pas de sanglots. Mais mon père s'en aperçut quand même, et en croyant m'aider il fit une chose qu'il n'aurait pas dû faire, pauvre*

*papa. Cher papa. Il me donna une gifle terrible.*
*Mon Dieu, quelle gifle. Pire. Après la gifle il me*
*regarda sévèrement dans les yeux et il murmura :*
*« Une jeune fille ne pleure pas. » C'est ainsi*
*que, depuis le 25 septembre 1943, je ne pleure*
*plus. Et de remercier le Ciel si quelquefois mes*
*yeux se mouillent, si ma gorge se noue. Au-*
*dedans de moi-même, cependant, je pleure plus*
*que les gens qui pleurent avec des larmes. Par-*
*fois les choses que j'écris sont des vraies larmes,*
*et ce que j'écrivais en ces jours était vraiment un*
*pleur irrépressible. Sur les vivants, sur les morts.*
*Sur ceux qui semblent vivants mais en réalité*
*sont morts comme les Italiens (et les autres*
*Européens) qui n'ont pas assez de couilles pour*
*changer, pour devenir un peuple avec des*
*couilles. Et aussi sur moi-même qui, arrivée à*
*l'automne de ma vie, dois expliquer pourquoi en*
*Amérique je vis en exil et pourquoi en Italie je*
*viens en cachette.*

*Puis, je pleurais depuis une semaine, le*
*directeur du journal vint à New York. Il vint*
*pour me convaincre de rompre le silence que*
*j'avais déjà rompu, et je le lui dis. Je lui montrai*
*même les notes convulsives et désordonnées, et*
*lui il s'enflamma comme s'il avait vu Greta*
*Garbo s'exhiber sans lunettes noires sur la scène*
*de la Scala dans un strip-tease licencieux. Ou*

comme s'il avait vu le public faire la queue pour acheter son journal, pardon, pour accéder au parterre et aux balcons et aux loges. Tout enflammé il me demanda de continuer, de coudre les différentes parties du texte avec des astérisques, d'en tirer une sorte de lettre adressée à lui. Et poussée par le devoir civil, le défi moral, l'impératif catégorique, j'acceptai. Encore une fois négligeant mon enfant qui privé de lait et de mère dormait sous les notes convulsives et désordonnées, je retournai à mon bureau où le pleur irrépressible se transforma en un cri de rage et d'orgueil. Un « J'accuse ». Un réquisitoire adressé aux Italiens et aux autres Européens qui en me jetant quelques fleurs, peut-être, et sûrement plusieurs œufs pourris, m'auraient écoutée depuis le parterre et les balcons et les loges du journal.

Je travaillai encore deux semaines. Sans m'arrêter. Pratiquement sans manger, sans dormir. Je ne ressentais même pas la faim et le sommeil, non. Je m'en tenais aux cigarettes, au café. Et ici je dois faire une mise au point essentielle comme celle sur les larmes. Je dois dire qu'écrire est pour moi une chose très sérieuse. Ce n'est pas un amusement ou une distraction ou un soulagement. Ce n'est pas parce que je n'oublie jamais que les mots écrits peuvent faire beaucoup de bien et beaucoup de mal. Ils peuvent guérir ou bien tuer. Étudie l'Histoire et tu verras que derrière chaque manifestation collective du Bien ou du Mal il y a un écrit. Un livre, un article, un manifeste, un poème, une prière, une chanson. (Une Bible, une Torah, un Coran, un Das Kapital. Un « Yankee Doodle Dandy, » une Marseillaise, un Hymne de Mameli, un Pater Noster). Ainsi, je n'écris jamais à la va-vite, d'un seul jet. Je suis un écrivain lent, un écrivain circonspect. Je suis aussi un écrivain très difficile à contenter, toujours insatisfait. Je ne ressemble pas aux écrivains qui chaque fois se complaisent de leur production comme une poule qui a fait l'œuf, qui s'en réjouissent comme s'ils avaient uriné de l'ambroisie ou de l'eau de Cologne. En plus, j'ai de nombreuses manies. Je tiens à la métrique, au rythme de la phrase, à la cadence de la page, au son des mots. Et gare aux assonances, aux rimes, aux répétitions pas voulues. La forme, pour moi, compte autant que le contenu. Je pense que la forme est un récipient dans lequel le contenu s'étend comme un liquide dans un verre, et gérer cette symbiose souvent me bloque. Cette fois, au contraire, cela ne me bloquait pas du tout. J'écrivais vite, sans me soucier des assonances ou des rimes ou des répétitions car le rythme fleurissait de soi, et comme jamais en me rendant compte que les mots écrits peuvent guérir ou tuer. C'est-à-dire, comme jamais étant consciente de ma responsabilité. (La passion peut-elle aller si loin ?) Le problème est que lorsque je m'arrêtai et fus prête à envoyer le texte au journal, je m'aperçus qu'au lieu d'un article j'avais écrit un petit livre. Pour l'envoyer j'aurais dû le couper, le réduire à une dimension acceptable.

Je le réduisis presque de la moitié. Le reste je l'enfermai dans un tiroir, je le mis à dormir avec mon enfant. Mètres et mètres de papier où j'avais imprimé mon cœur. Le chapitre sur les deux Bouddhas détruits à Bamyan et sur mon Kundun, le Dalaï-Lama, par exemple. Celui sur les trois femmes exécutées à Kaboul parce qu'elles se rendaient chez le coiffeur, et sur les féministes qui se fichent de leurs sœurs martyrisées par le bourkah et le Coran. Celui sur Ali Bhutto forcé à se marier quand il n'avait pas encore treize ans, et celui sur le roi Hussein auquel je raconte la façon dont les Palestiniens m'ont traitée au cours d'un bombardement israélien. Celui sur les communistes italiens qui pendant un demi-siècle m'ont traitée bien pire que les Palestiniens, et celui sur le Cavaliere qui à présent gouverne l'Italie. Celui sur la liberté vue comme licence, sur les devoirs oubliés au profit de droits, et sur les mollusques sans connaissance. C'est-à-dire sur nos jeunes gâtés par l'aisance, par l'école, par leurs familles, par une société qui ne marche pas. Celui sur les girouettes d'hier et d'aujourd'hui et de toujours... J'enlevai même les passages sur le pompier Jimmy Grillo qui ne se rend pas, et sur Bobby : l'enfant new-yorkais qui croit à la bonté et au courage. Et malgré cela, le texte restait inacceptablement long. Le directeur enflammé chercha à m'aider. Les deux pages entières qu'il m'avait réservées devinrent trois puis quatre puis quatre et un quart. Une mesure jamais envisagée, je crois, pour un seul article. Dans l'espoir d'obtenir le texte complet, il m'offrit même de le publier en deux fois : deux temps. Solution que je refusai car un cri ne peut être publié en deux fois, deux temps. Si je l'avais divisé je n'aurais pas atteint le but que je me proposais : essayer d'ouvrir les yeux à ceux qui ne veulent pas voir, déboucher les oreilles de ceux qui ne veulent pas écouter, pousser à réfléchir ceux qui ne veulent pas réfléchir. En plus, avant de l'envoyer je le réduisis encore. Je coupai les paragraphes particulièrement violents, je simplifiai ou synthétisai les passages trop compliqués. Pour se faire entendre il faut s'adapter un peu, n'est-ce pas ? Et de toute façon dans le tiroir je conservais les mètres et mètres de papier intacts. Le texte complet. Le petit livre.

*Les pages qui suivent cette préface sont le petit livre : le texte que j'écrivis pendant les deux semaines où je ne mangeais pas, je ne dormais pas, je me tenais éveillée grâce au café et aux cigarettes. Et où les mots jaillissaient comme une source d'eau fraîche, ils dégringolaient comme une cascade ou mieux comme un pleur irrépressible. Les corrections apportées sont presque insignifiantes. (Il y a celle, par exemple, des quinze mille six cent soixante-dix lires avec lesquelles je fus congédiée à quatorze ans de l'Armée italienne. Et que dans le texte réduit j'indiquais par erreur avec le chiffre de quatorze mille cinq cent quarante : mille cent trente lires de moins). Quant aux coupures, cette fois elles sont minimes et regardent des choses qui pour moi n'ont aucune importance. Par exemple, le nom du journal qui me publia et celui du directeur auquel (comme on verra bientôt) je ne parle plus.* Sic transit gloria mundi. *Expression qui en latin signifie : ainsi passe la gloire du monde.*

*       *       *

*Je ne sais pas si un jour ce petit livre grossira. Dans cette édition française à laquelle je me suis vouée en m'occupant de la traduction et en ajoutant par-ci et par-là quelques pages,*

*quelques phrases, quelques idées, il a déjà grossi.*
*Mais je sais qu'en le publiant, même traduit, je*
*me sens ou mieux il me semble être Gaetano*
*Salvemini qui le 7 mai 1933 parle de Hitler et*
*Mussolini dans la salle de l'Irving Plaza. Il s'égo-*
*sille pour un public qui ne le comprend pas*
*(mais qui le comprendra le 7 décembre 1941,*
*c'est-à-dire quand les Japonais alliés de Hitler et*
*de Mussolini bombardèrent Pearl Harbor) et il*
*crie : « Si vous ne faites rien, si vous restez*
*inertes, tôt ou tard ils vous attaqueront aussi ! »*
*Néanmoins il y a une différence entre ce petit*
*livre et le meeting antifasciste de l'Irving Plaza :*
*sur Hitler et Mussolini, à cette époque-là, les*
*Américains ne connaissaient pas grand-chose. Ils*
*pouvaient se payer le luxe de ne pas trop croire*
*ce réfugié qui illuminé par l'amour de la liberté*
*leur annonçait des malheurs à venir. Du Fonda-*
*mentalisme Islamique, au contraire, aujourd'hui*
*nous savons tout. Deux mois après l'apocalypse*
*de New York le même Ben Laden prouva que je*
*n'ai pas tort de crier « Vous ne comprenez pas,*
*vous ne voulez pas comprendre, qu'une Croisade*
*à l'envers est en marche. Une guerre de religion*
*qu'ils appellent Djihad, Guerre Sainte. Vous ne*
*comprenez pas, vous ne voulez pas comprendre,*
*que l'Occident est pour eux un monde à conqué-*
*rir. À châtier, soumettre à l'Islam ». Il le prouva,*

Ben Laden, pendant la proclamation télévisée où il exhibait une bague noire comme la Pierre Noire qu'ils vénèrent à La Mecque. La proclamation pendant laquelle il menaça l'Onu et qualifia son Secrétaire Général, Kofi Annan, de « criminel ». La proclamation dans laquelle les Français et les Anglais et les Italiens figuraient sur la liste des ennemis à châtier. La proclamation à laquelle ne manquait que la voix hystérique de Hitler ou la voix triviale de Mussolini, le balcon du Palazzo Venezia ou la mise en scène d'Alexanderplatz. « Dans son essence, notre guerre est une guerre de religion. Et celui qui le nie, ment » dit-il. « Tous les Arabes et tous les musulmans doivent s'aligner : s'ils restent neutres, ils renient l'Islam » dit-il. « Les chefs politiques arabes et musulmans qui se trouvent aux Nations Unies et acceptent leur politique se placent hors de l'Islam, ce sont des Infidèles qui ne respectent pas le message du Prophète » dit-il. « Ceux qui se réfèrent à la légitimité des institutions internationales renoncent à l'unique et authentique légitimité : la légitimité qui vient du Coran. » Et enfin : « La grande majorité des musulmans, dans le monde, ont été contents des attaques contre les Tours jumelles. Cela résulte des sondages. »

Fallait-il cette preuve, cette confirmation, pourtant ? De l'Afghanistan au Soudan, de l'Indonésie au Pakistan, de la Malaisie à l'Iran, de l'Égypte à l'Irak, de l'Algérie au Sénégal, de la Syrie au Kenya, de la Libye au Tchad, du Liban au Maroc, de la Palestine au Yémen, de l'Arabie Saoudite à la Somalie, la haine contre l'Occident grandit à vue d'œil. Elle se gonfle comme un feu alimenté par le vent, et les disciples du Fondamentalisme Islamique se multiplient comme les protozoaires d'une cellule qui se scinde pour devenir deux cellules puis quatre puis huit puis seize puis trente-deux, à l'infini. Les Occidentaux qui ne s'en rendent pas compte peuvent regarder les images que la télévision nous montre chaque jour. Les multitudes qui inondent les rues d'Islamabad, les places de Nairobi, les mosquées de Téhéran. Les visages féroces, les poings menaçants, les portraits de Ben Laden. Les feux allumés pour brûler les drapeaux américains et l'effigie de George Bush... Les Occidentaux aveugles n'ont qu'à écouter leurs hosannas au Dieu-miséricordieux-et-coléreux, leurs braillements Allah akbar-Allah akbar. Djihad-Guerre Sainte-Djihad. De simples franges extrémistes? De simples minorités fanatiques? Non, mon cher, non. Ils sont des millions et des millions, les extrémistes. Ils sont des millions et des millions, les fanatiques. Les millions et millions pour lesquels, mort ou vif,

Oussama Ben Laden est une légende comme l'était Khomeiny. Les millions et les millions qui avec Ben Laden ont remplacé Khomeiny, qui en Ben Laden ont reconnu leur nouveau chef, leur nouveau héros. Hier j'ai vu ceux de Nairobi : un endroit dont on ne parle jamais. Ils remplissaient la Place du Marché encore plus que leurs confrères remplissent les rues de Gaza ou d'Islamabad ou de Jakarta, et un reporter a interrogé un vieillard. Il lui a demandé : « Who is for you Bin Laden ? Qui est pour vous Ben Laden ? » « A hero, our hero ! Un héros, notre héros ! » a joyeusement répondu le vieillard. « And if he dies ? Et s'il meurt ? » a ajouté le reporter. « We find another one. Nous en trouvons un autre » a répondu, toujours joyeusement, le vieillard. En d'autres mots, l'homme qui d'une fois à l'autre les guide n'est que la partie visible de l'iceberg : le sommet de la montagne qui surgit des abîmes. Et le véritable protagoniste de cette guerre ce n'est pas lui. Ce n'est pas la partie visible de l'iceberg, le sommet de la montagne. C'est la montagne submergée donc invisible. Cette Montagne qui depuis mille quatre cents ans ne bouge pas, ne sort pas des abîmes de sa cécité, n'ouvre pas les portes aux conquêtes de la civilisation, ne veut pas entendre parler de liberté et justice et démocratie et progrès. Cette Montagne qui malgré les scandaleuses richesses de ses rois et patrons (songez à l'Arabie Saoudite) vit encore dans une misère moyenâgeuse, végète encore dans l'obscurantisme et dans le puritanisme d'une religion qui ne sait produire que de la religion. Cette Montagne qui plonge dans l'analphabétisme, (les pays musulmans ont un taux d'analphabétisme oscillant entre soixante et quatre-vingts pour cent), de sorte que les informations lui parviennent seulement à travers les dessins humoristiques ou les mensonges des mollahs. Cette montagne, enfin, qui étant secrètement jalouse de nous et secrètement séduite par notre façon de vivre nous attribue la faute de ses pauvretés matérielles et intellectuelles, ses rétrogradations et ses dégradations. Il se trompe, donc, l'optimiste qui pense que la Guerre Sainte s'est achevée avec la défaite du régime Taliban en Afghanistan. L'optimiste qui jubile parce que les femmes de Kaboul ne portent plus le bourkah et se promènent de nouveau à visage découvert, vont de nouveau à l'école et chez le médecin et chez le coiffeur. L'optimiste qui exulte parce que après la défaite des Talibans leurs hommes se sont réduit ou enlevé la barbe comme après la chute de Mussolini les Italiens enlevèrent les insignes fascistes.

Il se trompe parce que la barbe repousse et le bourkah se remet : pendant les vingt der-

nières années l'Afghanistan a été un va-et-vient
de barbes rasées et repoussées, de bourkahs reti-
rés et remis. Il se trompe parce que les actuels
vainqueurs prient Allah autant que les actuels
vaincus : des actuels vaincus ils se distinguent
seulement par une question de barbe et en effet
les femmes en ont peur comme elles avaient
peur des autres. En plus, les actuels vainqueurs
fraternisent avec les vaincus. Ils les remettent en
liberté, ils se font acheter pour une poignée de
dollars, et en même temps ils se disputent entre
eux, ils alimentent le chaos et l'anarchie. Mais
surtout il se trompe, l'optimiste, parce que parmi
les dix-neuf kamikazes de New York et de
Washington il n'y avait pas un seul Afghan. Les
futurs kamikazes ont d'autres endroits pour
s'entraîner, d'autres grottes pour se réfugier.
Regarde bien la carte. Au sud de l'Afghanistan il
y a le Pakistan. Au nord, les États musulmans
de l'ancienne Union soviétique. À l'ouest, l'Iran.
Près de l'Iran, l'Irak. Près de l'Irak, la Syrie.
Près de la Syrie, le Liban désormais musulman.
Près du Liban, la Jordanie musulmane. Près de
la Jordanie, l'Arabie Saoudite ultramusulmane.
Et de l'autre côté de la mer Rouge, le Continent
Africain avec tous ses pays musulmans. Son
Égypte et sa Libye et sa Somalie, pour commen-
cer. Ses vieux et ses jeunes qui applaudissent la

Guerre Sainte. D'ailleurs la collision entre nous et eux n'est pas militaire. Elle est culturelle, intellectuelle, religieuse, morale, politique. (La collision qui existe et doit exister entre les pays démocratiques et les pays tyranniques.) Et nos victoires militaires ne résoudront pas l'offensive de leur sinistre belligérance. Au contraire, elles l'encouragent. Elles l'enveniment, l'exacerbent. Le pire, pour nous, doit encore arriver : voilà la vérité. Et la vérité ne se trouve pas nécessairement au milieu. Parfois, elle se trouve d'un côté seulement. Même Salvemini le dit dans son meeting antifasciste de l'Irving Plaza.

* * *

Malgré les similitudes de fond, il y a une autre différence entre ce petit livre et le meeting antifasciste de l'Irving Plaza. Car les Américains qui le 7 mai 1933 écoutaient l'incompris Salvemini (incompris comme je le suis aujourd'hui) n'avaient pas les SS de Hitler et les Chemises Noires de Mussolini dans leur pays. Pour les détourner de la vérité, et justifier leur scepticisme, il y avait un océan d'eau et d'isolationnisme. Les Italiens et les autres Européens, au contraire, ont les SS et les Chemises Noires des Ben Laden dans leurs villes et cam-

pagnes et bureaux et écoles. Dans leur vie quotidienne, dans leur patrie. Elles sont partout, les
nouvelles SS, les nouvelles Chemises Noires.
Protégées par le cynisme, l'opportunisme, le cal-
cul, la bêtise de ceux qui les présentent comme
des petits saints. Les-pauvres, les-pauvres, ils-me-
font-tant-de-peine-quand-ils-débarquent-de-leurs-
canots-pneumatiques. Raciste-raciste, méchante-
méchant, toi-qui-ne-peux-pas-les-souffrir. Eh bien :
comme je le soutenais dans l'article publié sur le
journal, les mosquées qui surtout en Italie fleurissent à l'ombre de notre laïcisme oublié et de
notre pacifisme mal placé grouillent jusqu'à la
nausée de terroristes ou aspirants terroristes. Non
par hasard, après l'apocalypse de New York quelques-uns ont été arrêtés. Avec l'aide de la police
anglaise, française, espagnole, allemande (à leur
tour assez timides), des arsenaux d'armes à
employer pour la gloire de leur Dieu-miséricordieux-et-coléreux ont été découverts. Des cellules
d'Al Qaeda, aussi. Et maintenant on sait que
depuis 1989 le FBI parlait d'une Piste Italienne,
d'Italiens-militants. On sait que déjà en 1989 la
mosquée de Milan était signalée comme une
tanière de terroristes islamiques. On sait que
l'algéro-milanais Ahmed Ressan s'était fait
prendre à Seattle avec soixante kilos de compo-
sants chimiques destinés à la fabrication d'explo-

*sifs. On sait que deux autres « milanais » nommés Atmani Saif et Fateh Kamel étaient impliqués dans l'attentat du métro de Paris. On sait que les petits saints partaient souvent de Milan pour se rendre au Canada... (Bien, bien ! Deux des dix-neuf kamikazes du 11 septembre 2001 étaient entrés aux États-Unis en passant précisément par le Canada.) On sait que Milan et Turin ont toujours été des centres de triage et de recrutement des terroristes islamiques, y compris kurdes. (Un détail qui donne du piment au scandale d'Ocalan, le superterroriste kurde amené en Italie par un parlementaire communiste et logé par le gouvernement de gauche dans une belle villa à la périphérie romaine.) On découvre que les épicentres du terrorisme islamique international ont toujours été Milan, Turin, Rome, Naples et Bologne. Que Côme, Lodi, Crémone, Reggio Emilia, Modène, Florence, Pérouse, Trieste, Ravenne, Rimini, Trani, Bari, Barletta, Catania, Palerme et Messine ont toujours été des foyers benladeniens. On parle de Réseaux d'Action, de Bases Logistiques, de Cellules pour le Trafic d'Armes, de Structure Italienne pour la Stratégie Internationale Homogène. (Quelqu'un devrait me raconter si la même chose se passe en France, en Allemagne, en Angleterre, en Espagne, etcetera.*

*Mais je pense que oui : se passe.) On remarque que les terroristes les plus dangereux sont souvent munis de passeports réglementaires et renouvelés par les gouvernements européens, de cartes d'identité et de permis de séjour délivrés avec générosité et désinvolture par les ministres de l'Intérieur ou des Affaires Étrangères d'Europe...*

*On connaît même les lieux où ils se rencontrent, aujourd'hui. Et en Italie ce ne sont pas les salons du Risorgimento gérés par les comtesses patriotiques : les palais où, risquant le peloton d'exécution ou la pendaison, nos grands-pères conspiraient pour libérer la patrie de l'étranger. Ce sont les boucheries-halal, c'est-à-dire les boucheries islamiques dont ils ont rempli le pays parce que les musulmans mangent seulement la viande des animaux égorgés et vidés de leur sang et désossés. (Ainsi, ceux qui comme nous cuisent la viande avec son sang et ses os sont des Infidèles à punir.) Ce sont aussi les rôtisseries arabes. Ce sont aussi les bars Internet, c'est-à-dire les bars qui tiennent l'Internet à la disposition du public. Et, bien évidemment, les mosquées. Quant aux imams des mosquées, alléluia ! Enorgueillis par l'hécatombe de New York, ils ont enlevé leur masque. Et la liste est longue. En Italie elle contient le boucher maro-*

cain qu'avec une désolante déférence les journalistes appellent Chef Religieux de la Communauté Islamique Turinoise : le pieux équarrisseur
des veaux qui en 1989 débarqua à Turin avec un
visa touristique et qui, contribuant plus que quiconque à transformer en kasbah la ville de
Cavour et de Costanza d'Azeglio, a ouvert trois
boucheries-halal ainsi que cinq mosquées. Le
pieux Saladin qui brandissant l'image de Ben
Laden déclare : « Le Djihad est une guerre juste
et justifiée. Ce n'est pas moi qui le dis, c'est le
Coran. Plusieurs frères de Turin, en effet, voudraient partir pour s'unir à la lutte. » (Mon
ministre de l'Intérieur et mon ministre des
Affaires Étrangères, pourquoi ne le renvoyez-
vous pas au Maroc avec ses frères anxieux de
s'unir à la lutte ?) La liste inclut également
l'imam qui dirige la Communauté Islamique de
Gênes, autre glorieuse ville profanée et transformée en kasbah, et ses collègues de Naples,
Rome, Bari, Bologne. Tous admirateurs impu-
dents de Ben Laden, et le plus impudent est
l'imam de Bologne dont la remarquable intelligence a produit le verdict suivant : « C'est la
droite américaine qui a abattu les deux Tours et
qui utilise Ben Laden comme paravent. Si ce
n'est pas la droite américaine, c'est Israël. De
toute façon le danger n'est pas Ben Laden : c'est
l'Amérique. Ben Laden est innocent. »

*On le dirait un crétin et rien de plus, n'est-ce pas? Pourtant non. N'importe quel théologien de l'Islam peut t'expliquer que pour défendre la foi le Coran autorise le mensonge, la calomnie, l'hypocrisie. Et le 10 septembre 2001, c'est-à-dire vingt-quatre heures avant l'hécatombe, exactement dans la mosquée de Bologne la police italienne saisit un tract qui louant les attentats annonçait l'« imminence d'un événement exceptionnel ». Ça ne dit rien sur les imams? Presque toujours fils et petits-fils des communistes qui niaient ou approuvaient les carnages de Staline, leurs sympathisants et protecteurs européens répondent que dans la hiérarchie islamique l'imam est un personnage inoffensif et insignifiant. Celui qui se contente de conduire la prière du vendredi, un curé dépourvu de pouvoir. Faux. L'imam est un notable qui dirige et administre sa communauté avec tous les pouvoirs. Equarrisseur des veaux ou pas, pieux Saladin ou pas, c'est un prêtre qui manipule ou influence selon son plaisir l'esprit et les actions des fidèles : un politicien qui durant le sermon lance des messages politiques, pousse les fidèles à faire ce qu'il veut. Toutes les révolutions (sic) de l'Islam ont éclaté grâce aux imams des mosquées. La Révolution (sic) Iranienne commença dans les mosquées, c'est-à-dire* grâce aux imams, non dans les universités comme leurs sympathisants et protecteurs européens voudraient nous le faire croire aujourd'hui. Derrière chaque terroriste islamique il y a nécessairement un imam, et je rappelle que Khomeiny était un imam. Je rappelle que les chefs révolutionnaires de l'Iran étaient des imams. Je le rappelle et j'affirme que d'une manière ou d'une autre les imams sont les guides spirituels du terrorisme.

Quant au Pearl Harbor qui cette fois-ci risque de s'abattre sur tout l'Occident, bon : sur le fait que la guerre chimique et biologique appartient à la stratégie des nouveaux nazis-fascistes je n'ai aucun doute. Durant les bombardements de Kaboul, un belliqueux Ben Laden nous l'a promis, et il est bien connu que Saddam Hussein a toujours eu un faible pour ce genre de massacres. Malgré les tonnes de bombes qu'en 1991 les Américains déversèrent sur ses laboratoires et ses usines, l'Irak continue à produire des germes et bactéries et bacilles pour répandre la peste bubonique, la variole, la lèpre, le typhus. D'ailleurs le gendre que Saddam Hussein fit assassiner en 1999 l'avait bien dit en 1998 : « Dans les environs de Bagdad nous avons d'immenses dépôts d'anthrax. » Près des immenses dépôts d'anthrax, d'immenses quanti-

*tés de gaz nervin. (Un cauchemar que pendant la guerre du Golfe j'ai vécu en Arabie Saoudite et que les Iraniens ont payé dans les Années Quatre-Vingt avec des milliers de morts : t'en souviens-tu ?) Eh bien, jusqu'à aujourd'hui la guerre chimique ne nous a pas touchés. La guerre biologique s'est limitée au charbon des Anthrax Letters qui de temps en temps courent en Amérique. En outre, la responsabilité de Saddam Hussein ou de Ben Laden n'a pas été prouvée. Mais le Pearl Harbor dont je parle concerne aussi le danger pour lequel ici on retient son souffle depuis que le FBI l'a signalé par ces mots terribles : « It is not a matter of If, it is a matter of When. Ce n'est pas une question de Si, c'est une question de Quand. » Une attaque que je crains bien plus que l'anthrax, bien plus que la peste bubonique, bien plus que la lèpre ou le gaz nervin. Une attaque qui menace l'Europe bien plus que l'Amérique. L'attaque contre les monuments antiques, les œuvres d'art, les trésors de notre Histoire et de notre Culture.*

*En disant when-not-if, les Américains pensent à leurs propres trésors, naturellement. La Statue de la Liberté, le Jefferson Memorial, l'Obélisque de Washington, la Liberty Bell c'est-à-dire la Cloche de Philadelphie, le Golden Gate de San Francisco, le pont de Brooklyn, etc. Et ils ont raison. J'y pense moi aussi. J'y pense comme je penserais à la Big Ben de Londres et à l'abbaye de Westminster si j'étais anglaise. À Notre-Dame, au Louvre, à la tour Eiffel, aux châteaux de la Loire si j'étais française. Mais je suis italienne, donc je pense un peu plus à la chapelle Sixtine et à la coupole de Saint-Pierre et au Colisée. Au pont des Soupirs et à la place Saint-Marc et aux palais du Grand Canal. À la cathédrale de Milan et à la pinacothèque de Brera et au Codex Atlanticus de Léonard de Vinci. Je suis de Toscane donc je pense plus encore à la Tour de Pise et à sa place des Miracles, à la cathédrale de Sienne et à sa piazza del Campo, aux nécropoles étrusques et aux Tours de San Gimignano. Je suis florentine donc je pense surtout à Santa Maria del Fiore, au Baptistère, à la Tour de Giotto, au palais de la Seigneurie, aux Galeries des Uffizi, au palais Pitti, au Ponte Vecchio qui est le seul pont antique restant à Florence car le pont de Santa Trinita est une reconstruction. Le grand maître de Ben Laden, Hitler, le fit sauter en 1944. Je pense même aux bibliothèques centenaires où nous gardons les manuscrits enluminés du Moyen Âge et le Code Virgilien. Je pense également à la Galerie de l'Académie où trône le David de Michelangelo. (Scandaleusement nu, mon Dieu, c'est-à-dire particulièrement haï par les disciples du Coran.) Avec le David, les Quatre Prisonniers et la Déposition que Miche-langelo sculpta quand il était vieux. Et si les fou-tus fils d'Allah me détruisaient un de ces trésors, un seul, c'est moi qui deviendrais un assassin. Donc écoutez-moi bien, fidèles d'un Dieu qui aime la loi de l'Œil-pour-Œil-et-Dent-pour-Dent. Je n'ai pas vingt ans mais dans la guerre je suis née, dans la guerre j'ai grandi, dans la guerre j'ai vécu la plupart de mon existence. Je la connais. En outre j'ai plus de couilles que vous, louches et lâches qui pour trouver le courage de mourir avez besoin de tuer les innocents y compris les enfants de quatre ans. Écoutez-moi bien car, malgré ce que j'ai dit sur la collision culturelle intellectuelle religieuse morale poli-tique, en bref pas militaire, maintenant je vous dis : « Guerre vous avez voulue, guerre vous voulez ? D'accord. En ce qui me concerne, que guerre soit. » Jusqu'au dernier soupir.*

\* \* \*

*Dulcis in fundo. Cette fois-ci, avec un sourire. Et il est bien entendu que, comme le rire, dans certains cas le sourire cache autre chose... (Un jour, j'étais désormais adulte, je découvris que durant les tortures à lui infligées* par les nazifascistes mon père riait. Ainsi un matin d'été, tandis que nous allions à la chasse dans les forêts du Chianti, je lui dis : « Je dois te demander une chose que j'ai du mal à avaler, papa. Est-ce vrai que sous la torture tu riais ? » Mon père resta quelques secondes silencieux et puis, avec tristesse, murmura : « Mon enfant, dans certains cas rire est la même chose que pleurer. Tu verras. ») Bon. Hier le professeur Howard Gotlieb de la Boston University, l'université américaine qui depuis trois dizaines d'années recueille et conserve mon travail, m'a appelée et m'a demandé : « How should we define "The Rage and the Pride", comment devons-nous définir " La Rage et l'Orgueil " ? » « I don't know, je ne le sais pas » lui ai-je répondu en expliquant qu'il ne s'agit pas d'un roman et encore moins d'un reportage ou d'un essai ou de mémoires ou d'un pamphlet. Puis j'y ai réfléchi. Je l'ai rappelé et je lui ai dit : « Call it a sermon, définissez-le un sermon. » (Le terme juste, je crois, car ce petit livre est en réalité un sermon aux Italiens et aux Européens. Il devait être une lettre sur la guerre que les fils d'Allah ont déclarée à l'Occident, mais peu à peu il devint un sermon aux Italiens et aux Européens.) Ce matin le professeur Gotlieb m'a appelée de nouveau et il m'a demandé : « How do you expect the Ita-

43

lians, the Europeans, to take it ? Comment croyez-vous que les Italiens, les Européens, le prendront ? » « I don't know. Je ne le sais pas », lui ai-je répondu. « Un sermon se juge sur les résultats, non sur les applaudissements ou les sifflements qu'il provoque. Et avant de voir les résultats du mien, il faudra du temps : on ne peut pas prétendre éveiller, d'un seul coup et seulement avec un petit livre écrit en deux ou trois semaines, un pays ou mieux un continent assoupi. Thus I do not know, donc je ne sais pas, professor Gotlieb. I really don't... »

En revanche je sais que, lorsque l'article fut publié, le journal épuisa en quatre heures un million de copies. Je sais que partout se vérifièrent des épisodes émouvants, qu'à Rome un monsieur acheta tous les exemplaires d'un kiosque (trente-six exemplaires) et se mit à les distribuer aux passants, qu'à Milan une dame fit un tas de photocopies et les distribua de la même façon. Je sais que plusieurs milliers d'Italiens écrivirent au journal pour me remercier (et moi je les remercie à mon tour avec le monsieur de Rome et la dame de Milan). Je sais que le standard téléphonique et la poste électronique du journal furent saturés pendant trois jours. Je sais que seulement une minorité de lecteurs se disaient en désaccord avec moi mais que telle réalité n'apparut pas dans le choix des lettres publiées par le journal sous le titre « E l'Italia si divide nel segno di Oriana. Et l'Italie se divise sous le signe d'Oriana. » Bah ! Si le nombre des votes n'est pas une opinion, et si le vote de ceux qui sont contre moi ne vaut pas plus que le vote de ceux qui sont avec moi, il me semble vraiment injuste de dire que j'ai divisé l'Italie en deux. Et puis l'Italie n'a sûrement pas besoin de moi pour se diviser, mon cher responsable de ce titre. L'Italie est divisée en deux au moins depuis le temps des Guelfes et des Gibelins, je vous assure. Songez qu'en 1861, lorsque l'Unité Italienne fut proclamée, même les huit cents Garibaldiens qui vinrent ici pour participer à la Guerre Civile américaine se divisèrent entre eux. Car tous ne choisirent pas de combattre dans les rangs des nordistes, c'est-à-dire avec les unités dont je parle à propos de mon exil. La moitié choisit de combattre aux côtés des sudistes, et au lieu de rester à New York se rendit à New Orleans. Au lieu de s'enrôler dans les Garibaldi Guards du 39$^e$ Régiment d'Infanterie passé en revue par Lincoln, près de quatre cents s'enrôlèrent dans les Garibaldi Guards de l'Italian Battalion-Luisiana Militia : celui qui en 1862 devint le 6$^e$ Régiment d'Infanterie de l'European Brigade. Eux aussi arborant un dra-

*peau blanc et vert et rouge qui avait appartenu à Garibaldi et qui flottait avec les mots « Vincere o Morire », Vaincre ou Mourir. Eux aussi se distinguant avec héroïsme dans les batailles de First Bull Run, Cross Keys, North Anna, Bristoe Station, Po River, Mine Run, Spotsylvania, Wilderness, Cold Harbor, Strawberry Plain, Petersburg, et ainsi de suite jusqu'à Appomattox. Et sais-tu ce qui se passa, en 1863, lors de la terrible bataille de Gettysburg où cinquante quatre mille Nordistes et Sudistes perdirent la vie ? Il se passa que dans l'après-midi du 2 juillet les trois cent soixante-cinq Garibaldi Guards du 39ᵉ Régiment d'Infanterie sous les ordres du général nordiste Hancock se trouvèrent face aux trois cent soixante Garibaldi Guards du 6ᵉ Régiment d'Infanterie sous les ordres du général sudiste Early. Les premiers portant l'uniforme bleu, les seconds l'uniforme gris, tous deux portant le drapeau blanc et vert et rouge arboré en Italie pour faire l'Unité Italienne et enrichi par la phrase « Vaincre ou Mourir ». Et les uns criant sales-sudistes, les autres criant cochons-de-nordistes, ils se jetèrent dans un furieux corps à corps pour emporter la colline appelée Cemetery Hill. Ils s'entre-tuèrent. Quatre-vingt-quinze morts chez les Garibaldiens du 39ᵉ, soixante-trois chez les Garibaldiens du 6ᵉ. Le lendemain,*

*au cours de la charge finale dans la vallée,
presque le double. Sans avoir lu l'article
d'Oriana Fallaci, mon cher. C'est-à-dire, sans
que j'en eusse aucune faute.*

*Je sais également que du côté de ceux
dont le vote vaut (semble-t-il) beaucoup plus du
vote de ceux qui sont contre moi, un oiseau de
malheur écrit ou dit : « Oriana Fallaci joue
la courageuse parce qu'elle a un pied dans la
tombe. » (Réponse : mais non, pauvre sot, mais
non. Je ne joue pas la courageuse : je suis courageuse. En temps de paix comme en temps de
guerre. À droite comme à gauche. Je l'ai toujours
été. Et toujours en le payant très cher. Y inclus
le prix de menaces physiques ou morales, des
jalousies, des crapuleries. Relisez-moi et vous
vous en apercevrez. Quant au pied-dans-la-
tombe, bon : je ne suis pas en pleine santé, c'est
vrai. Mais n'oubliez pas que les malades comme
moi finissent très souvent par enterrer les autres.
Tenez compte, et j'y fais allusion dans ce petit
livre, qu'un jour je suis sortie vivante d'une
morgue dans laquelle on m'avait jetée en me
croyant morte... Si un petit saint ne me tue pas
avant que je le tue moi-même, voulez-vous
parier que je me rendrai à vos funérailles ?)
Enfin je sais qu'après la publication de l'article
l'Italie mauvaise, l'Italie mesquine, l'Italie qui se*

*vend toujours à l'étranger, l'Italie à cause de laquelle je vis en exil, fit un grand tintouin en faveur des enfants d'Allah. Alors le directeur enflammé se transforma en un directeur apeuré, tout apeuré, prit ses précautions en invitant ceux que j'appelle Cigales à écrire contre moi sur son journal, à dénigrer sur son journal l'effort par lui-même encouragé. Et ce qui aurait pu être une bonne occasion de défendre notre culture devint une foire des mornes vanités. Un marché des exhibitionnismes désolants, des opportunismes révoltants. Moi-aussi-je-suis-là. Moi-aussi-je-suis-là. (Parmi les Moi-Aussi-Je-Suis-Là, un dévergondé qui au Cambodge écrivait avec enthousiasme sur Pol Pot.) Comme les ombres d'un passé qui ne meurt jamais ils hissèrent la bannière du prétendu pacifisme, ils allumèrent un grand feu pour brûler (ou tenter de brûler) l'hérétique. Et en avant la musique : « Au bûcher, au bûcher ! Allah akbar, Allah akbar ! » En avant les insultes, les accusations, les condamnations, les marathons d'écriture qui (dans leur longueur au moins) cherchaient à imiter la mienne. Ainsi me l'ont rapporté, en effet, les malheureux qui ont pris la peine de les lire. Personnellement, je dois l'avouer, je ne les ai pas lus. Et je ne les lirai pas. Premièrement, parce que je m'y attendais. M'y attendant, je savais de* quoi les Moi-Aussi-Je-Suis-Là allaient caqueter, et je n'éprouvais aucun intérêt. Deuxièmement, parce que à la fin de mon article j'avais averti le directeur (à ce moment-là encore enflammé) que je n'aurais pas participé aux bagarres ridicules et aux polémiques vides. Troisièmement, parce que les Cigales sont invariablement des personnes sans idées et sans substance : de frivoles sangsues qui pour nourrir leur vanité s'accrochent toujours à l'ombre de ceux qui sont au soleil. Et lorsqu'elles caquètent dans les journaux sont aussi mortellement ennuyeuses. (Le frère aîné de mon père se nommait Bruno Fallaci. Un grand journaliste. Il détestait les journalistes, à l'époque où je travaillais pour les journaux il me reprochait de faire le journaliste non l'écrivain, il ne me pardonnait que quand je faisais le correspondant de guerre, mais il était un grand journaliste. Il était même un grand directeur, un véritable directeur, et en énumérant les règles du journalisme il disait : « D'abord, ne pas ennuyer les gens ! » Les Cigales, au contraire, ennuient toujours.) Enfin, parce que moi je mène une vie très sévère et intellectuellement riche : dans ma façon de vivre il n'y a pas de place pour les messagers d'étroitesse et de frivolité, et pour les tenir à distance je suis le conseil de mon célèbre concitoyen. Le grand exilé Dante Alighieri. « Non ti *curar di lor, ma guarda e passa. Ne te soucie pas d'eux, regarde et passe.* » Je vais aussi plus loin : en passant, je ne les regarde même pas.

Néanmoins il y a une Cigale à laquelle je veux m'amuser à répondre comme à l'oiseau de malheur qui me voit avec un pied dans la tombe. Une Cigale dont j'ignore le sexe et l'identité mais qui, m'a-t-on dit, pour réfuter mon jugement sur la culture islamique m'accuse de ne pas connaître « Les Mille et Une Nuits » et de soustraire aux Arabes le mérite d'avoir défini le concept de zéro. Eh non, cher Monsieur ou Madame ou Ni l'Un Ni l'Autre : je suis passionnée de mathématiques et je connais bien le concept de zéro. Songez que dans mon « Inchallah », un roman construit sur la formule de Boltzmann (celle qui dit Entropie-égale-à-la-Constante-de-Boltzmann-multipliée-par-le-logarithme-naturel-des-probabilités-de-destruction), précisément sur le concept de zéro je bâtis la scène où le sergent tue Passepartout. Et pour la bâtir j'utilise le plus diabolique problème que, sur le concept de zéro, l'École Normale de Pise ait jamais collé à ses étudiants : « Dites pourquoi Un est plus que Zéro. » (Si diabolique qu'il faut le résoudre par l'absurde.) Eh bien, cher Monsieur ou Madame ou Ni l'Un Ni l'Autre, en affirmant que le concept de zéro nous vient de la

50

culture arabe vous ne pouvez faire référence qu'au mathématicien arabe Muhammad ibn Mūsā al-Khuwārizmī qui vers l'an 810 après J.-C. introduisit dans les pays méditerranéens la numération décimale avec le recours du zéro. Mais vous vous trompez. Le même Muhammad ibn Mūsā al-Khuwārizmī, en effet, révèle dans son ouvrage que la numération décimale faisant appel au zéro n'est pas une farine de son sac : que le concept de zéro avait été défini en l'an 628 après J.-C. par le mathématicien indien Brahmagupta. (L'auteur du traité d'astronomie « Brahma-Sphuta-Siddhanta ».) Certains, c'est vrai, soutiennent que Brahmagupta y était parvenu après les Mayas. Plus de deux siècles avant, disent-ils, les Mayas indiquaient la date de naissance de l'univers par l'An Zéro, marquaient le premier jour de chaque mois avec un zéro et remplissaient avec un zéro le vide dans les calculs où manquait un chiffre. Oui, mais pour remplir ce vide les Mayas n'utilisaient pas le point dont se seraient servis les Grecs. Ils sculptaient ou dessinaient un petit homme avec la tête penchée en arrière. Et ce petit homme est une source de nombreux doutes et perplexités, cher Monsieur ou Madame ou Ni l'Un Ni l'Autre. Ainsi, et au risque de vous déplaire, je vous informe que dans l'histoire des mathéma-

*tiques quatre-vingt-dix-neuf mathématiciens sur cent attribuent la paternité du zéro à l'Indien Brahmagupta.*

*Quant aux « Mille et Une Nuits », je me demande quelle mauvaise langue vous a raconté que je ne connaissais pas un tel délice. Lorsque j'étais enfant, voyez-vous, je dormais dans la Pièce des Livres : nom que mes adorés et fauchés parents donnaient à un petit salon plein de volumes qu'ils achetaient à tempérament. Sur l'étagère du minuscule divan que j'appelais Mon-Lit il y en avait un avec une belle dame voilée qui me regardait depuis la couverture. Un soir, je l'attrapai et... Ma mère ne voulait pas. Dès qu'elle s'en aperçut elle me l'arracha des mains et : « Ceci n'est pas une chose pour les enfants. » Puis elle réfléchit, et me le rendit. « Ça-va, ça-va. Lis-le quand même. » Ce fut ainsi que « Les Mille et Une Nuits » devinrent les contes de mon enfance, et depuis lors ils font partie de mon patrimoine livresque. Vous pouvez les trouver dans ma maison de Florence, dans ma maison de campagne en Toscane, et ici à New York j'en possède trois éditions différentes. La troisième, en français. Je l'ai trouvée l'été dernier chez Kenneth Gloss, mon libraire-antiquaire de Boston, et je l'ai achetée avec les « Œuvres Complètes » de Madame de La Fayette impri-*

mées à Paris en 1812, ainsi que les « Œuvres Complètes » de Molière imprimées à Paris en 1799. Il s'agit d'une édition que Hiard, le libraire-éditeur de la Bibliothèque des Amis des Lettres, réalisa en 1832 avec la préface de Galland. Une édition en sept volumes à laquelle je tiens comme à la prunelle de mes yeux. En toute honnêteté, cependant, je ne peux pas comparer ces jolis contes à « L'Iliade » et à l'« Odyssée » d'Homère. Je ne peux pas les comparer aux « Dialogues » de Platon, à « L'Énéide » de Virgile, aux « Confessions » de saint Augustin, à « La Divine Comédie » de Dante Alighieri, aux tragédies et comédies de Shakespeare, à Molière et Rousseau et Goethe et Darwin et ainsi de suite. Cela ne me semble pas sérieux.

Fin du sourire, et dernière mise au point.

\* \* \*

Moi, je vis de mes livres. De mes écrits. Je vis de mes droits d'auteur et j'en suis fière. À mes droits d'auteur je tiens même si le pourcentage qu'un auteur reçoit sur chaque exemplaire vendu est vraiment modeste. Voire dérisoire. Une somme qui, spécialement dans les éditions de poche (et pire encore dans les traductions), ne suffit pas à acheter la moitié d'un crayon vendu par les fils d'Allah qui en offrant des crayons emmerdent les gens sur les trottoirs d'Europe. (Et qui n'ont jamais entendu parler des « Mille et Une Nuits », je parie.) Mes droits d'auteur je les veux. Je les reçois, et du reste sans mes droits d'auteur ce serait moi qui vendrais des crayons sur les trottoirs d'Europe. Mais je n'écris pas pour l'argent. Je n'ai jamais écrit pour l'argent. Jamais ! Même lorsque j'étais très jeune et j'avais besoin d'argent pour aider ma famille à s'en sortir et pour me rendre à l'université, faculté de Médecine, qui à cette époque coûtait très cher. À dix-sept ans je fus engagée comme reporter dans un quotidien de Florence. Et à dix-neuf ans ou à peu près je fus licenciée sans préavis pour avoir rejeté le principe de l'affreux mot « folliculaire ». Eh oui ! On m'avait ordonné d'écrire un texte mensonger concernant le meeting d'un célèbre homme politique pour lequel, remarque bien, je nourrissais une profonde antipathie voire une aversion. (Le chef du Parti Communiste, Palmiro Togliatti.) Un texte, remarque bien, que je n'aurais même pas dû signer. Scandalisée, je dis que les mensonges moi je ne les écrivais pas. Et le directeur, un démo-chrétien gras et prétentieux, me répondit que les journalistes sont des folliculaires tenus d'écrire ce pour quoi ils sont

54

payés. « *On ne crache pas sur le plat où on mange.* » Tremblant d'indignation je répliquai que dans ce plat il pouvait manger son dîner, que je ne serais jamais devenue un folliculaire, que je serais plutôt morte de faim, et il me licencia immédiatement. Le doctorat en médecine je ne le pris pas aussi à cause de ça. C'est-à-dire parce que je me retrouvai sans le salaire dont j'avais besoin pour me payer l'université... Non, personne n'a jamais réussi à me faire écrire la moindre ligne pour l'argent. Tout ce que j'ai écrit dans ma vie n'a jamais rien eu à voir avec l'argent. Car j'ai toujours su qu'en écrivant on influence les pensées et les actes des gens bien plus qu'on ne les influence avec les bombes. Et la responsabilité qui découle de cette conscience ne peut pas être exercée en échange d'argent. Ergo, l'article pour le journal je ne l'écrivis sûrement pas en pensant à l'argent. La déchirante fatigue qui pendant ces semaines détruisit mon corps déjà malade je ne me l'imposai sûrement pas en échange d'argent. Mon enfant, c'est-à-dire mon difficile et exigeant roman, je ne le mis sûrement pas en sommeil pour gagner plus que les droits d'auteur me donnent. Et voici la conclusion de cette préface. Une conclusion que je tiens beaucoup à clarifier car elle est liée à un problème aujourd'hui assez démodé : le problème de la dignité et de la moralité.

*Lorsque le directeur alors enflammé arriva à New York pour m'inciter à briser le silence déjà brisé, il ne parla pas d'argent. Et je lui en sus gré. Je considérai même élégant qu'il n'abordât pas ce sujet à propos d'un travail qui naissait de milliers d'êtres humains réduits en cendres et qui dans mon esprit se proposait de déboucher les oreilles des sourds, ouvrir les yeux des aveugles, pousser les gens à réfléchir, etcetera. Quelques jours après la publication, cependant, je fus informée à brûle-pourpoint qu'une rémunération m'attendait. Une très-très-très-somptueuse rémunération. Si somptueuse (la somme je ne la connais pas et je ne veux pas la connaître) qu'il aurait été superflu de me rembourser les lourdes dépenses soutenues à cause du téléphone intercontinental. Mais même sachant que selon les lois de l'économie il aurait été juste de me payer, mais même sachant que les articles écrits par mes dénigreurs avaient été régulièrement et grassement payés, je refusai la très-très-très-somptueuse rémunération. Tout court. Avec dédain. Et il y a mieux. Car, malgré le refus, j'éprouvai le même malaise qu'à quatorze ans quand j'avais découvert que l'Armée Italienne était en train de me payer le congé pour la lutte conduite contre les nazifascistes comme enfant-soldat du Corps Volontaire de la*

*Liberté.* (*L'épisode dont je parle dans le petit livre à propos des quinze mille six cent soixante-dix lires finalement acceptées pour acheter les chaussures que moi et mes petites sœurs nous n'avions pas*).

Bon : *j'ai été informée qu'en recevant ma dédaigneuse réponse le directeur resta sans voix. Une statue de sel comme la femme de Loth. Mais, à lui comme à tous, l'hérétique dit : aujourd'hui les chaussures je les ai. Et si je ne les avais pas, je préférerais marcher pieds nus dans la neige plutôt que d'avoir cet argent dans ma poche. En acceptant le moindre sou, j'aurais sali mon âme.*

ORIANA FALLACI

*New York, Novembre 2001 et Mai 2002*

Tu me demandes de parler, cette fois. Tu me demandes de rompre au moins cette fois le silence que j'ai choisi. Le silence que depuis des années je m'impose pour ne pas me mélanger aux Cigales. Et je le fais. Parce que j'ai appris qu'en Italie certains se félicitent de ce qui s'est passé comme l'autre soir, à la télévision, se félicitaient les Palestiniens de Gaza. « Victoire ! Victoire ! » Hommes, femmes, enfants. (En admettant que quiconque fait une chose pareille puisse être qualifié d'homme, femme, enfant.) J'ai appris que certaines Cigales de luxe, des hommes politiques ou soi-disant politiques, des intellectuels ou soi-disant intellectuels, ainsi que d'autres individus qui ne méritent pas le nom de citoyens, se comportent substantiellement de la même façon. Ils disent : « Bien. Aux Américains ça leur va bien. » Et je suis enragée, très enragée. Enragée d'une rage froide, lucide, rationnelle. Une rage qui élimine tout détachement, toute indulgence, qui m'ordonne de leur répondre et d'abord de leur cracher dessus. Je leur crache dessus. Aussi enragée que moi, la poétesse afro-américaine Maya Angelou hier a rugi : « Be angry. It's good to be angry. It's healthy. Soyez enragés. C'est bon d'être enragés. C'est sain. » Et si pour moi c'est bon, si pour moi c'est sain, je ne le sais pas. Mais je sais que ce ne sera pas bon pour eux. Je veux dire pour ceux qui admirent les Oussama Ben Laden, ceux qui leur expriment compréhension, sympathie, solidarité. En brisant le silence, j'allume le détonateur d'une bombe qui a envie d'éclater depuis trop longtemps. Tu verras.

Tu me demandes aussi de raconter comment je l'ai vécue, moi, cette Apocalypse : de te donner mon témoignage. Je commencerai donc par là. Je me trouvais chez moi, ma maison se trouve dans le centre de Manhattan, et vers neuf heures j'ai eu la sensation d'un danger qui peut-être ne m'aurait pas touchée mais qui sûrement me concernait. La sensation que l'on éprouve à la guerre, dans un combat, lorsque avec chaque pore de la peau on perçoit la balle ou le missile qui s'approche, et on dresse l'oreille et on crie à ceux qui sont près : « Down ! Get down ! À terre ! Baissez-vous ! » Je l'ai repoussée. Je ne suis pas au Vietnam, me suis-je dit, ni dans une des fou-

tues guerres qui depuis la Seconde Guerre Mondiale ont torturé ma vie ! Je suis à New York,
dans un merveilleux matin de septembre. Le
11 septembre 2001. Mais la sensation a continué
à me posséder, inexplicable, ainsi j'ai fait ce que
je ne fais jamais le matin : j'ai allumé la télévision.
Le son ne marchait pas. L'image, oui. Et sur
toutes les chaînes, ici il y en a près de cent, on
voyait une Tour du World Trade Center qui au
quatre-vingtième étage et au-dessus brûlait
comme une allumette géante. Un court-circuit ?
Un petit avion mal piloté ? Ou un acte de terrorisme bien orienté ? Presque paralysée je suis restée à fixer l'image et, tandis que je la fixais, tandis
que je me posais les trois questions, un avion est
apparu sur l'écran. Blanc, gros. Un avion de
ligne. Il volait très bas. Volant très bas il se diri-
geait vers la deuxième Tour comme un bombar-
dier qui pointe l'objectif, se jette sur l'objectif, et
alors j'ai compris. Je veux dire : j'ai compris qu'il
s'agissait d'un avion kamikaze, que la même
chose était arrivée à la première Tour. Et, tandis
que je le comprenais, le son est revenu. Il a trans-
mis un chœur de cris sauvages. Répétés, sauvages.
« God ! Oh, God ! God, God, God ! Gooooo-
ooood ! Dieu ! Oh Dieu ! Dieu, Dieu, Dieuuu-
uuuuuu ! » Puis l'avion blanc s'est enfoncé dans
la seconde Tour comme un couteau qui s'enfonce
dans un pain de beurre.

Il était maintenant neuf heures et trois minutes. Et ne me demande pas ce que j'ai éprouvé en cet instant et après. Je ne le sais pas, je ne m'en souviens pas. J'étais un bloc de glace. Mon cerveau aussi était un bloc de glace. Je ne me souviens même pas si certaines choses se sont passées sur la première ou la deuxième Tour. Les gens qui pour ne pas brûler vifs se jetaient des quatre-vingtième ou quatre-vingt-dixième ou centième étages, par exemple. Ils brisaient les vitres des fenêtres, les enjambaient, se jetaient dans le vide comme on se jette d'un avion avec le parachute. Par douzaines. Et ils tombaient si lentement. Si lentement... En agitant les bras et les jambes, en nageant dans l'air... Oui, ils semblaient nager dans l'air. Vers le trentième étage, cependant, ils accéléraient. Ils se mettaient à gesticuler, désespérés, je suppose repentis, comme s'ils criaient help – aidez-moi – help. Et peut-être le criaient-ils vraiment. Enfin ils s'écrasaient comme des pierres et paf! Christ, je croyais avoir tout vu à la guerre. Je me considérais vaccinée par la guerre. Et essentiellement je le suis. Rien ne me surprend, désormais. Même pas quand je me fâche, même pas quand je m'indigne. Pourtant à la guerre j'ai toujours vu des gens qui se faisaient tuer : je n'ai jamais vu des gens qui mouraient en se tuant, en se jetant sans parachute par les fenêtres d'un quatre-vingtième ou d'un quatre-vingt-dixième ou d'un centième étage. Ils ont continué à se jeter dans le vide jusqu'à ce que (vers dix heures pour la première, vers dix heures et demie pour la deuxième) les Tours se soient écroulées et... Mon Dieu! Avec les gens qui meurent tués, à la guerre, j'ai toujours vu des choses qui éclataient. Des choses qui s'écroulaient parce qu'elles explosaient. Mais les deux Tours ne se sont pas écroulées pour ça. La première s'est écroulée parce qu'elle a implosé, parce qu'elle a englouti elle-même. La deuxième parce qu'elle a fondu, s'est liquéfiée, comme si elle eût été vraiment un pain de beurre. Et tout s'est passé, ou m'a-t-il semblé, dans un silence de mort. Possible? Existait-il vraiment, ce silence, ou était-il au-dedans de moi?

Peut-être était-il au-dedans de moi. Et cloîtrée dans ce silence j'ai écouté la nouvelle du troisième avion qui s'était jeté sur le Pentagone, puis celle du quatrième qui s'était écrasé dans une forêt de Pennsylvanie. Cloîtrée dans ce silence, je me suis mise à calculer le nombre de morts et j'ai senti le souffle me manquer. Car la bataille la plus sanglante à laquelle j'aie assisté au Vietnam, l'une des batailles advenues à Dak To, s'acheva avec quatre cents morts. Dans le massacre de Mexico City, celui au cours duquel je reçus trois balles dont une dans l'épine dorsale, le chiffre officiel fut huit cents. Et lorsque, me croyant morte, les soi-disant sauveteurs me flanquèrent à la morgue, les cadavres que bientôt on me jeta autour puis dessus me semblèrent encore plus nombreux. Écoute-moi, donc : environ cinquante mille personnes travaillaient dans les Tours. À neuf heures du matin la moitié était déjà là-bas, et beaucoup n'ont pas eu le temps d'évacuer. Une première estimation parle de sept mille *missing*. Mais il y a une différence entre l'ambigu mot *missing* c'est-à-dire manquant, et le mot *dead*. C'est-à-dire mort. Au Vietnam on distinguait toujours entre les *missing* et les *dead*... Et que ce soit le chiffre final, je suis convaincue qu'on ne nous dira jamais la vérité vraie. Pour ne pas souligner l'intensité de l'Apocalypse, tu comprends, pour ne pas encourager des massacres supplémentaires... En outre, les deux gouffres qui ont englouti les victimes sont trop profonds. Trop bouchés par les décombres. Presque toujours on exhume seulement des petits morceaux de membres. Un nez ici, un doigt là. Ou bien une sorte de bourbe qui ressemble au café moulu, et qui loin de là est matière organique. Le résidu des corps qui en un instant se désintégrèrent, se réduisirent en cendres. Hier le maire Giuliani a envoyé dix mille sacs pour y placer les cadavres. Mais ils n'ont pas été utilisés.

* * *

Qu'est-ce que je pense de l'invulnérabilité
par tous attribuée aux États-Unis, qu'est-ce que je
ressens pour les kamikazes qui ont fait ça ? Pour les
kamikazes, aucun respect. Aucune pitié. Non,
même pas de la pitié. Moi je finis toujours par céder
à la pitié, avoir pitié pour quiconque. Les kamikazes, c'est-à-dire les types qui se suicident pour
tuer les autres, m'ont toujours été antipathiques. À
commencer par les kamikazes japonais de la
Seconde Guerre Mondiale. Je ne les ai jamais pris
pour des Pietro Micca : le soldat piémontais qui,
pour bloquer l'entrée des troupes françaises le 29
août 1706 mit le feu aux poudres et sauta avec la
citadelle de Turin. Je veux dire : je ne les ai jamais
considérés comme des soldats. Encore moins,
comme des martyrs ou des héros : les termes qu'en
braillant et crachotant monsieur Arafat employait
en 1972, pendant mon interview à Amman. (Un
endroit où ses instructeurs entraînaient aussi les
terroristes de la bande à Baader-Meinhof.) Je
les trouve vaniteux et c'est tout, des exhibition-
nistes qui au lieu de chercher le succès dans le
monde du cinéma ou de la politique ou du sport
poursuivent la gloire dans leur propre mort et celle
des autres. Une mort qui au lieu de l'Oscar ou du

siège ministériel ou de la médaille olympique leur procurera (croient-ils) l'admiration de l'univers et une place au Djanna : l'au-delà dont parle le Coran, le Paradis où les héros baisent les vierges Urì. À mon avis ils sont vaniteux même physiquement. J'ai sous les yeux la photographie des deux dont je parle dans mon *Inchallah*, le roman qui commence par la destruction de la base américaine et de la base française à Beyrouth. (Environ quatre cents morts.) Avant d'aller mourir ils s'étaient fait photographier, les paons, et avant de se faire photographier ils s'étaient rendus chez le coiffeur. Regarde quelle belle coupe de cheveux, quelles moustaches pommadées, quelles pattes bien léchées, quelle barbichette bien brossée. Quant à ceux qui se sont jetés sur les Tours et sur le Pentagone, je les trouve particulièrement haïssables. On a découvert que leur chef, Mohammed Attah, a laissé deux testaments. L'un dit : « Pour mes funérailles je ne veux pas d'êtres impurs. C'est-à-dire, animaux et femmes. » L'autre dit : « Même autour de ma tombe je ne veux pas d'êtres impurs. En particulier les plus impurs de tous : les femmes enceintes. » Ah, quel soulagement c'est pour moi de penser qu'il n'aura jamais ni funérailles ni tombe ! Même du monsieur Attah, il n'est resté un cheveu.

Un soulagement, oui, et je voudrais bien voir le visage d'Arafat tandis que je dis ça. Parce que nous n'avons pas de très bonnes relations, Arafat et moi. Lui il ne m'a jamais pardonné les cuisantes divergences d'opinion que nous eûmes durant la rencontre d'Amman, et moi je ne lui ai jamais rien pardonné. Y compris le revolver braqué sur la poitrine d'un journaliste qui s'était imprudemment présenté comme mon ami. En conséquence, nous ne nous parlons plus et nous souhaitons réciproquement le pire. Mais si je le rencontrais de nouveau, ou mieux si je lui accordais une audience, je lui soufflerais au visage qui sont les martyrs et les héros. Je lui dirais : monsieur Arafat, savez-vous qui sont les martyrs ? Ce sont les passagers de quatre avions détournés et transformés en bombes humaines. Parmi eux, la petite fille de quatre ans qui se désintégra dans la deuxième Tour. Ce sont les employés qui travaillaient dans les deux Tours et au Pentagone. Ce sont les trois cent quarante-trois pompiers et les soixante-six policiers qui sont morts en essayant de les sauver. (La moitié ou presque, portant un nom de famille italien c'est-à-dire d'origine italienne. Parmi eux, un père et son fils : Joseph Angelini senior et Joseph Angelini junior.) Et savez-vous qui sont les héros ? Ce sont les passagers du vol qui devait s'écraser contre la Maison-Blanche et qui s'est abattu dans une forêt de Pennsylvanie parce que tous, à bord, se sont rebellés ! Dans leur cas il faudrait vraiment que le Paradis existât, espèce de bavard ! Le problème est que maintenant vous faites le chef d'État ad perpetuum, vous jouez le monarque, vous rendez visite au Pape, vous fréquentez la Maison-Blanche. Vous faites le terrorisme en cachette, vous envoyez des condoléances à Bush. Et dans votre caméléonesque capacité de vous démentir, vous seriez capable de répondre que j'ai raison. Changeons donc de sujet et parlons de l'invulnérabilité par tous attribuée aux États-Unis.

Invulnérabilité? Quelle invulnérabilité?!? Plus une société est démocratique et ouverte, plus elle est exposée au terrorisme. Plus un pays est libre, incapable de tolérer les mesures policières, plus il subit ou risque les détournements et les massacres qui pendant tant d'années ont tourmenté l'Italie et l'Allemagne et les autres régions d'Europe. Et qui de façon démesurée se sont déchaînés le 11 septembre aux États-Unis. Ce n'est pas sans raisons que les pays non démocratiques, gouvernés par un régime policier, ont toujours accueilli et financé et soutenu les terroristes. L'Union Soviétique et les pays satellites de l'Union Soviétique et la Chine Populaire, pour commencer. La Libye, l'Irak, l'Iran, la Syrie, le Liban arafatiste. L'Égypte où les terroristes islamiques assassinent même Sadate. L'Arabie Saoudite elle-même dont Oussama Ben Laden est officiellement un ressortissant renié mais secrètement aimé. Le Pakistan, l'Afghanistan, l'entier ou presque entier Continent Africain... Écoute-moi bien : dans les aéroports et les avions de ces pays je me suis toujours sentie à l'abri des dangers, aussi sereine qu'un nouveau-né endormi. La seule chose que je craignais, là-bas, c'était d'être arrêtée à cause des insultes que j'adressais aux terroristes. Dans les aéroports et les avions des pays européens, au contraire, je me suis toujours sentie nerveuse. Dans les aéroports et les avions américains, deux fois plus nerveuse. Et à New York, trois fois. (À Washington, non. Je dois reconnaître que l'avion sur le Pentagone, je ne m'y attendais pas.) Pourquoi crois-tu que mardi matin mon subconscient a perçu cette angoisse inexplicable, cette sensation de danger ? Pourquoi crois-tu que contrairement à mes habitudes j'ai allumé la télévision ? Pourquoi crois-tu que parmi les trois questions que je me posais quand la première Tour brûlait, il y eut celle de l'attentat ? Et pourquoi crois-tu que j'ai compris la vérité à peine le second avion a apparu sur l'écran ? Puisque les États-Unis sont le pays le plus fort du monde, le plus riche, le plus puissant, le plus capitaliste, tous sont tombés dans le piège de l'invulnérabilité. Tous. Les Américains eux-mêmes. Mais la vulnérabilité des États-Unis vient exactement de sa force, de sa richesse, de sa puissance, de sa modernité. La vieille histoire du chien qui se mord la queue.

Elle vient aussi de son caractère multi-ethnique, de sa libéralité, de son respect pour les citoyens et pour les hôtes. Exemple : environ vingt-quatre millions d'Américains sont arabo-musulmans. Et lorsqu'un Mustafa ou un Moha-med arrive (disons) de Riyad ou Kaboul ou Alger pour rendre visite à son oncle, personne ne lui interdit de fréquenter une école de pilotage (seulement cent soixante dollars la leçon) pour apprendre à conduire un 757. Personne ne lui interdit de fréquenter une université pour étudier la chimie et la biologie, les deux sciences néces-saires pour déclencher une guerre bactériolo-gique. Personne. Pas même si le gouvernement craint que les fils d'Allah puissent détourner un 757 ou provoquer une hécatombe en répan-dant les bactéries. Et, cela dit, revenons au raisonnement initial. Quels sont les symboles de la force, de la richesse, de la puissance, du capita-lisme américain ? Sûrement pas le jazz et le rock'n'roll, le chewing-gum et le hamburger, Broadway et Hollywood : tu en conviendras. Ce sont les gratte-ciel, le Pentagone, la science, la technologie. Ces gratte-ciel impressionnants. Si hauts, si beaux qu'à les regarder on oublie les Pyramides et les divins palais de notre passé. Ces avions gigantesques, titanesques, exagérés, qui désormais remplacent les camions et les trains car tout ici se déplace par avion. Le poisson frais, les maisons préfabriquées, les chars d'assaut, les fruits à peine cueillis, nous-mêmes. (Sans oublier que la guerre aérienne a été inventée par eux. Ou, du moins, par eux développée jusqu'à l'hystérie.) Ce Pentagone immense, terrifiant. Cette sombre forteresse qui aurait fait peur à Gengis Khan et à Napoléon. Cette science incomparable, inépuisable, qui nous promet les galaxies et l'éternité. Cette technologie omniprésente, omnipotente, qui en un battement de cils a bouleversé notre existence quotidienne : notre façon millénaire de penser, communiquer, voyager, travailler, vivre. Et où a-t-il frappé, Oussama Ben Laden ? Sur les gratte-ciel, sur le Pentagone. Comment ? Avec les avions, la science, la technologie. À propos : sais-tu ce qui m'impressionne le plus dans cet ultra-milliardaire, cet ex-play-boy qui au lieu de draguer les princesses blondes et s'enivrer dans les boîtes de nuit (comme il le faisait à Beyrouth et dans les Émirats lorsqu'il avait vingt ans) s'amuse à tuer les gens au nom d'Allah ? Le fait que son incommensurable patrimoine dérive surtout d'une société spécialisée dans la démolition, et qu'il soit lui-même un expert en démolition. La démolition est une spécialité américaine... Si je pouvais l'interviewer, l'une de mes questions serait exactement sur ce point. Une autre, sur son défunt père ultra-polygame qui entre garçons et filles a mis au monde cinquante-quatre enfants et de lui (le dix-septième) aimait dire : « Il est toujours si bon. Le plus doux, le meilleur. » Une autre, sur ses sœurs qui à Londres et sur la Côte d'Azur se font photographier à visage et tête découverts : les énormes seins et les énormes fesses bien en vue grâce aux T-shirts et aux pantalons collants. Une autre, sur le nombre de ses épouses et concubines : jamais révélé. Une autre encore, sur les rapports qu'il entretient toujours avec son pays. Cette Arabie Saoudite, ce latifundium possédé par une bande familiale de feudataires grossiers et moyenâgeux. (Six mille princes, mon Dieu, six mille !) Ce coffre-fort du Moyen-Orient. Cette boîte de Pandore dont nous dépendons comme des esclaves pour le foutu pétrole. Je lui demanderais : « Monsieur Ben Laden, combien d'argent vous vient non pas tant de votre patrimoine personnel que de la famille royale saoudienne ? » Mais peut-être, au lieu de lui poser des questions, je lui expliquerais que New York il ne l'a pas mise à genoux. Et pour lui expliquer qu'il ne l'a pas mise à genoux, je lui rapporterais ce que Bobby, un enfant new-yorkais de huit ans, a dit à une journaliste qui l'interrogeait dans la rue. Voici. Mot pour mot.

« My mom always used to say : " Bobby, if you get lost on the way home, have no fear. Look at the Towers and remember that we live ten blocks away on the Hudson River. " Well, now the Towers are gone. Evil people wiped them out with those who were inside. So, for a week I asked myself : Bobby, how do you go home if you get lost now? Yes, I thought a lot about this. But then I said to myself : Bobby, in this world there are good people too. If you get lost now, some good person will help you instead of the Towers. The important thing is to have no fear. » Je traduis : « Ma maman disait toujours : " Bobby, si tu te perds en rentrant à la maison, n'aie pas peur. Regarde les Tours et souviens-toi que nous habitons à dix blocs de là, sur la Hudson River. " Eh bien, maintenant les Tours n'y sont plus. Des gens méchants les ont abattues avec ceux qui étaient dedans. Ainsi pendant une semaine je me suis dit : Bobby, si tu te perds maintenant, comment fais-tu pour rentrer chez toi? J'y ai beaucoup pensé, oui. Mais après je me suis dit : Bobby, dans ce monde il y a aussi des personnes gentilles. Si tu te perds maintenant, une personne gentille t'aidera à la place des Tours. L'important c'est de ne pas avoir peur. »

Mais sur ce thème j'ai quelque chose à ajouter.

*  *  *

Lorsque nous nous sommes rencontrés, je t'ai vu étonné par le courage héroïque et l'admirable unité avec lesquels les Américains ont fait face à cette Apocalypse. Eh oui ! Malgré les défauts qu'on leur reproche continuellement, que moi-même je leur reproche (mais ceux de l'Europe et en particulier de l'Italie sont encore plus graves), les États-Unis sont un pays qui a beaucoup à nous enseigner. Et à propos de leur courage héroïque, laisse-moi chanter un péan pour le maire de New York. Ce Rudolph Giuliani que les Italiens devraient remercier mille fois car il porte un nom italien, il est d'origine italienne, donc il les ennoblit devant le monde entier. Oui : c'est un grand maire, Rudolph Giuliani. Un maire digne d'un autre grand maire portant un nom italien : Fiorello La Guardia. Un grand maire, un maire de classe : laisse-le dire par un type (moi) qui n'est jamais content de personne, à commencer par soi-même... Et plusieurs de nos maires européens, surtout italiens, devraient aller à son école : se présenter avec la tête couverte de cendre, lui demander : « Monsieur Giuliani, maître, voulez-vous avoir l'amabilité de nous révéler comment il faut faire ? » Il ne délègue pas le travail à son prochain, lui : non. Il ne perd pas son temps en conneries et avidités : non. Il ne se divise pas entre le rôle de maire et le rôle de ministre ou de député. (Quelqu'un m'écoute dans les trois villes de Stendhal, c'est-à-dire à Naples et Florence et Rome où les maires ne se contentent pas d'être maires et veulent être aussi parlementaires ou ministres ou présumés leaders ?) Étant accouru aussitôt et aussitôt entré dans le deuxième gratte-ciel, il a risqué de finir comme les autres. Il s'en est sorti d'un poil et par hasard. Et en quatre jours il a remis la ville sur pied. Une ville de neuf millions et demi d'habitants, remarque bien, et presque deux millions d'habitants dans le seul Manhattan. Comment a-t-il fait, je ne sais pas. Il est malade comme moi, le pauvre. Le cancer qui revient et revient l'a piqué lui aussi. Et comme moi il feint d'être en bonne santé : il travaille sans cesse. Mais moi je travaille à mon bureau, parbleu, en étant assise ! Lui, au contraire... On aurait dit un général qui participe avec les soldats à la bataille, un guerrier des beaux temps... « Allons, allez-y, les gars ! Allons, allez-y, braves gens ! » Et hier il nous a dit : « The first of the Human Rights is Freedom from Fear. Do not have fear. Le premier Droit de l'Homme est d'être libre face à la Peur. N'ayez pas peur. » Mais il peut se comporter comme ça car autour de lui tous sont comme lui : des personnes sans suffisance, sans paresse, et avec les couilles. Parmi eux, le seul pompier qui a survécu à l'écroulement de la deuxième Tour. Il s'appelle Jimmy Grillo, il a vingt-quatre ans, les cheveux blonds comme les blés et les yeux bleus comme la mer. Ce matin je l'ai vu à la télévision, et on aurait dit un ecce homo. Blessures, brûlures, coupures, bandages. On lui a demandé s'il voulait changer de métier. Il a répondu : « I am a fireman, and all my life I shall be a fireman. Always here, always in New York. To protect my city and my people and my friends. Je suis un pompier, et je serai toujours un pompier. Toujours ici, toujours à New York. Pour protéger ma ville, mes gens, mes amis. »

Quant à leur admirable capacité de s'unir, à la cohésion presque martiale avec laquelle ils affrontent les malheurs et les ennemis, bien : je dois admettre que, sur l'instant, moi aussi j'ai été étonnée. Je savais, oui, que cette vertu avait déjà éclaté à l'époque de Pearl Harbor : lorsque le peuple s'était resserré autour de Roosevelt et Roosevelt était entré en guerre contre l'Allemagne de Hitler, l'Italie de Mussolini, le Japon de Hirohito. Je l'avais sentie, oui, après l'assassinat de Kennedy. Mais à l'assassinat de Kennedy avait fait suite la guerre du Vietnam, la déchirante division causée par la guerre du Vietnam, et en un certain sens cela m'avait rappelé leur Guerre Civile d'il y a un siècle et demi. Ainsi, quand j'ai vu les Blancs et les Noirs s'embrasser en pleurant, je dis s'embrasser, quand j'ai vu les démocrates et les républicains chanter ensemble « God bless America, que Dieu bénisse l'Amérique », je dis chanter ensemble, quand je les ai vus effacer leurs différences, j'en suis restée étourdie. De même, quand j'ai entendu Bill Clinton (personne pour laquelle je n'ai jamais eu aucune tendresse) déclarer : « Resserrons-nous autour de Bush, ayons confiance en notre président. » De même, quand ces mots ont été prononcés par sa femme Hillary : l'actuel sénateur de l'État de New York. De même, quand ils ont été répétés par Lieberman : l'ancien candidat démocrate à la vice-présidence. (Seul le vaincu Al Gore est resté lugubrement muet.) De même, quand le Congrès a voté à l'unanimité d'accepter la guerre et de punir les responsables. De même, quand j'ai découvert que la devise des Américains est une devise latine qui dit : « Ex pluribus unum. De tous, un seul. » Bref, Tous pour Un. Et quand j'ai

su que les enfants l'apprenaient à l'école, la réci-
taient comme nous récitions le Pater Noster...
Ah, si l'Italie avait les couilles pour apprendre
une telle leçon ! C'est un pays tellement divisé,
l'Italie. Tellement factieux, empoisonné par ses
mesquineries tribales ! Même au sein des partis
politiques, les Italiens se haïssent. Même sous la
même étiquette, le même drapeau politique, ils
ne réussissent pas à rester ensemble. Factieux,
bilieux, vaniteux, ils ne pensent qu'à leurs inté-
rêts personnels. Ils ne se soucient que de leur
petite carrière, de leur petite gloire, leur petite
popularité de périphérie. Pour défendre tout cela
ils se font des méchancetés, ils se trahissent, ils
s'accusent plus que les voyous de la Révolution
Française... Moi je suis absolument certaine que
si Oussama Ben Laden faisait sauter la Tour de
Giotto ou la Tour de Pise, l'opposition accuserait
le gouvernement et le gouvernement accuserait
l'opposition. Les leaders du gouvernement et
les leaders de l'opposition accuseraient leurs
compagnons et leurs camarades. Mais ici laisse-
moi t'expliquer d'où vient la capacité de s'unir,
de faire face comme un seul homme aux malheurs et aux ennemis, qui caractérise les Américains.

　　　Elle vient de leur patriotisme. Je ne sais
pas si vous avez vu et compris, en Europe, ce qui
s'est passé à New York lorsque Bush est allé

remercier les ouvriers (et les ouvrières) qui dans l'espoir de sauver quelqu'un cherchaient, creu-saient, retournaient cette sorte de café moulu et ne trouvaient qu'un nez ou un doigt. Sans céder, cependant. Sans se résigner. De sorte que si tu leur demandais où trouvez-vous-une-telle-force, ils te répondaient : « I can allow myself to be exausted, not to be defeated. Je peux me per-mettre d'être épuisé, pas vaincu. » Tous le disent, tous. Blancs, noirs, jaunes, marron, rouges... Les avez-vous vus ou pas ? Tandis que Bush les remerciait, ils ne faisaient qu'agiter les drapeaux américains, lever les poings et tonner : « Iouessè ! Iouessè ! Iouessè ! Usa ! Usa ! Usa ! » Dans un pays totalitaire, j'aurais pensé : « Regarde comme ça a été bien organisé par le Pouvoir ! » Aux États-Unis, non. Aux États-Unis ces choses on ne les organise pas. On ne les gère pas, on ne les ordonne pas. Surtout dans une métropole désenchantée comme New York et avec des ouvriers comme ceux de New York. Ce ne sont pas des types faciles, les ouvriers de New York. Revêches, anarchisants, plus libres que le vent. Ils n'obéissent à personne, ceux-là. Même pas à leurs syndicats. Mais si tu touches à leur drapeau, si tu touches à la Patrie... En anglais, le mot Patrie n'existe pas. Pour dire Patrie, il faut mettre ensemble deux mots : Father-Land, Terre des

Pères; Mother-Land, Terre Mère; Native-Land, Terre Natale. Ou bien dire My Country, Mon Pays. Pourtant le substantif *Patriotism* existe. L'adjectif *Patriotic* également. Et à part la France, peut-être, je ne connais pas un Pays plus patriotique que les États-Unis. Ah! J'ai éprouvé une sorte d'humiliation à voir ces ouvriers qui serrant le poing et agitant leurs drapeaux tonnaient Iouessè-Iouessè-Iouessè sans que personne le leur ait demandé. Car les ouvriers italiens qui brandissent le drapeau tricolore et tonnent Italie-Italie je n'arrive même pas à les imaginer. Dans les meetings et les manifestations j'ai vu brandir tant de drapeaux rouges, à des ouvriers italiens. Fleuves, lacs, océans de drapeaux rouges. Mais des drapeaux tricolores, très peu. Presque aucun. Mal guidés ou tyrannisés par une gauche péniblement asservie à l'Union Soviétique, ils ont toujours laissé les tricolores à leurs adversaires. (Et on ne peut pas dire que leurs adversaires en aient fait bon usage. Grâce à Dieu, ils n'en ont même pas abusé. Ceux qui vont à la messe, aussi.) Quant au malotru qui porte la chemise et la cravate vertes, le séparatiste, lui, il ne connaît même pas les couleurs du tricolore. Je-suis-lombard, je-suis-lombard. Il voudrait replonger dans les guerres entre Florence et Sienne, et comme résultat le drapeau italien on ne le voit qu'aux jeux

Olympiques lorsque par hasard on gagne une médaille. Ou bien dans les stades pendant les rencontres internationales de football. Seule occasion, d'ailleurs, où on peut écouter le cri Italia-Italia.

Eh oui : il y a une grande différence entre un pays dans lequel le drapeau n'est brandi que par les voyous des stades ou les vainqueurs d'une médaille, et un pays où il est brandi par un peuple entier. Y compris les indomptables ouvriers qui cherchent et creusent et retournent le café moulu des créatures massacrées par les fils d'Allah.

*  *  *

Le fait est que l'Amérique est un pays vraiment spécial, mon cher. Un pays qu'il faut aimer, dont il faut être jaloux pour ces choses qui n'ont rien à faire avec la richesse etcetera. Et sais-tu pourquoi ? Parce qu'il est né d'un besoin de l'âme, le besoin d'avoir une patrie, et de l'idée la plus sublime que l'Homme ait jamais conçue : l'idée de la Liberté, ou mieux, de la Liberté mariée à l'Égalité. C'est un pays qu'il faut envier aussi parce que, lorsque cela arriva, l'idée de liberté n'était pas à la mode. L'idée d'égalité non plus. Seuls certains penseurs parlaient de ces choses-là, les philosophes qu'on appelait philosophes des Lumières, et leurs concepts ne se trouvaient que dans quelques livres puis dans les fascicules d'un ouvrage très gros et très coûteux appelé l'*Encyclopédie*. Et à l'exception des seigneurs qui avaient les moyens d'acheter l'ouvrage très gros et très coûteux, à l'exception des intellectuels qui avaient lancé les concepts pas à la mode, qui avait la moindre idée des Lumières ? Pour les pauvres gens ce n'était sûrement pas une chose à manger, les Lumières ! Même pas n'en parlaient les révolutionnaires français, vu que la Révolution française aurait commencé en 1789. (C'est-à-dire quinze ans après la Révolution américaine qui éclata en 1776 mais avait germé en 1774 : petit détail que les anti-Américains du bien-aux-Américains-ça-leur-va-bien ignorent ou font semblant d'ignorer.) C'est un pays spécial, enfin, parce que l'idée de la Liberté mariée à l'Égalité fut tout de suite comprise par des paysans souvent analphabètes ou du moins sans éducation. Les paysans des treize colonies installées par l'Angleterre. Et parce que cette idée fut concrétisée par un groupe de leaders extraordinaires : chacun d'eux, un homme de grande culture et de grande qualité. The Founding Fathers, les Pères Fondateurs. As-tu une idée de ce qu'étaient les Pères Fondateurs, les Benjamin Franklin, les

Thomas Jefferson, les Thomas Paine, les John Adams, les George Washington etcetera ? Rien à voir, mon cher, avec les protagonistes de la future Révolution Française : les hommes que Vittorio Alfieri appelait justement *avvocaticchi*, avocaillons ! Rien à voir, veux-je dire, avec les super-célébrés bourreaux de la Terreur. Les Marat, les Danton, les Saint-Just, les Robespierre ! C'étaient des types qui connaissaient le grec et le latin comme les professeurs italiens de grec et de latin ne les connaîtront jamais, les Pères Fondateurs. Des messieurs qui avaient lu Aristote et Platon en grec, Sénèque et Cicéron en latin, et qui avaient étudié les principes de la démocratie grecque comme les marxistes de mon temps étudiaient la théorie de la plus-value. (En admettant qu'ils l'aient étudiée pour de vrai.) Jefferson connaissait aussi l'italien. Lui, il disait « le toscan ». En italien il parlait et lisait couramment. Bien pour cela, avec les deux mille plants de vigne et les mille plants d'olivier et le papier à musique qui en Virginie manquait, en 1774 le médecin florentin Filippo Mazzei lui avait apporté plusieurs exemplaires d'un livre écrit par un certain Cesare Beccaria et intitulé *Dei delitti e delle pene*. Quant à l'autodidacte Franklin, c'était un génie : t'en souviens-tu ? Imprimeur, éditeur, écrivain, journaliste, homme de science, inventeur... En 1752 il avait découvert la nature électrique de l'éclair et inventé le paratonnerre : pardon si cela ne te semble pas assez. Et ce fut grâce à ces hommes extra-ordinaires, ces hommes de grande culture et de grande qualité, qu'en 1776 ou mieux en 1774 les paysans souvent analphabètes ou quand même à court d'éducation s'insurgèrent contre l'Angle-terre. Ils firent la guerre d'Indépendance, la Révolution Américaine.

Malgré les fusils et les canons et les morts que chaque guerre coûte, ils la firent sans les fleuves de sang de la future Révolution Française. Ils la firent sans la guillotine, sans les massacres de Vendée et de Lyon et de Toulon et de Bordeaux. Ils la firent, au fond, avec un papier. Le papier qui avec le besoin de l'âme, le besoin d'avoir une patrie, concrétisait l'idée sublime de la Liberté mariée à l'Égalité : la Déclaration d'Indépen-dance. « We hold these Truths to be self evident... Nous considérons ces vérités comme évidentes... Que tous les Hommes sont nés égaux. Que le Créateur leur a donné des Droits inaliénables. Que parmi ces droits se trouve le Droit à la Vie, à la Liberté, à la Recherche du Bonheur... Que pour assurer ces droits, les Hommes doivent instituer les gouvernements... » Et ce papier qu'à partir de la Révolution Fran-çaise nous avons bien ou mal copié, ce papier dont tous se sont inspirés, constitue encore aujourd'hui le fondement des États-Unis : la sève vitale de cette nation. Comprends-tu pourquoi ? Parce qu'il transforme les sujets en citoyens. Parce qu'il transforme la Plèbe en un Peuple. Parce qu'il l'invite, non, il lui ordonne de se rebeller contre la tyrannie. De se gouverner, d'exprimer sa propre individualité, de chercher son bonheur. (Une chose qui pour les pauvres, ou mieux pour les plébéiens, signifie avant tout s'enrichir.) Tout le contraire de ce que le communisme faisait en mettant Sa Majesté l'État à la place des anciens rois, en interdisant au peuple de se rebeller, de se gouverner, de s'exprimer, de s'enrichir. « Le communisme est un régime monarchique. Une monarchie à l'ancienne mode. Et en tant que tel, il coupe les couilles aux hommes. Et quand à un homme on coupe les couilles, un homme n'est plus un homme » disait mon père. Il disait aussi qu'au lieu de racheter la plèbe le communisme transformait tout le monde en plèbe. Il rendait tous morts de faim.

Eh bien, à mon avis l'Amérique rachète la plèbe. Ils sont tous plébéiens, en Amérique. Blancs, noirs, jaunes, marron, verts, rouges, arc-en-ciel. Stupides, intelligents, cultivés, ignorants. Pauvres, riches... En effet, les plus plébéiens sont justement les riches. Dans la plupart des cas, certains malotrus ! Mal dégrossis, mal élevés... On s'aperçoit tout de suite qu'ils n'ont jamais lu *Les Bonnes Manières ou le Galateo* de Monseigneur della Casa, qu'ils n'ont jamais eu à voir avec le raffinement et le bon goût et la sophistication. Ils ne connaissent même pas la différence entre le foie gras et les foies de volaille, le caviar et la poutargue. Et malgré l'argent qu'ils dépensent pour s'habiller, d'habitude ils sont si peu élégants qu'en comparaison la reine d'Angleterre paraît chic. Mais ils sont rachetés, pardieu ! Et dans ce monde il n'y a rien de plus fort, de plus puissant, de plus implacable, que la plèbe rachetée. On se casse toujours les dents avec la Plèbe Rachetée. Et d'une façon ou d'une autre, avec l'Amérique tous se sont cassé les cornes. Anglais, Allemands, Mexicains, Russes, nazis, fascistes, communistes. À la fin, même les Vietnamiens. Car après la victoire les Vietnamiens d'Hanoi ont dû pactiser avec les Américains, et lorsque l'ex-président Clinton est allé leur rendre une petite visite, ils ont touché le Ciel. « Bienvenue, Monsieur le Président, bienvenue ! On fait business with Americans, oui ? Boku money, oui ? » L'ennui c'est que les fils d'Allah ne sont pas des Vietnamiens. Et avec eux la lutte de la Plèbe Rachetée sera dure. Très longue, très difficile, très dure. À moins que le reste de l'Occident ne cesse d'avoir peur ou de forniquer avec son ennemi. Et qu'il réfléchisse un peu, qu'il se réveille. Y compris le Pape.

(Permettez-moi une question, Votre Sainteté : est-il vrai qu'il y a quelque temps Vous avez demandé aux fils d'Allah de vous pardonner les Croisades lancées par vos prédécesseurs pour récupérer le Saint-Sépulcre ? Ah, oui, c'est vrai ? Mais les fils d'Allah Vous ont-ils demandé pardon de l'avoir pris, le Saint-Sépulcre ? Vous ont-ils demandé pardon d'avoir mis sous leur joug et pendant presque huit siècles la très catholique péninsule Ibérique, tout le Portugal et les trois quarts de l'Espagne, de sorte que si en 1490 Isabelle de Castille et Ferdinand d'Aragon ne les avaient pas chassés aujourd'hui en Espagne et au Portugal on parlerait encore arabe ? Cette bagatelle allume ma curiosité car à moi ils n'ont jamais demandé pardon pour les crimes commis jusqu'à l'aube du XIXe siècle le long des côtes toscanes et dans la mer Tyrrhénienne. Un endroit où ils enlevaient mes ancêtres, ils leur mettaient des chaînes aux pieds et aux bras et au cou, les emmenaient en Algérie ou en Tunisie ou en Turquie comme esclaves, les vendaient dans les bazars et égorgeaient ceux qui tentaient de s'enfuir. Moi je ne Vous comprends pas, Sainteté ! Vous avez tant travaillé pour que l'Union Soviétique s'écroule : ma génération, une génération qui a vécu toute sa vie dans l'attente et la peur de la Troisième Guerre Mondiale, doit Vous remercier aussi pour le miracle auquel personne ne croyait assister : une Europe libérée du cauchemar communiste, une Russie qui demande à entrer dans l'Otan, une Leningrad qui s'appelle de nouveau Saint-Pétersbourg, un Poutine qui est le meilleur ami de Bush. Son meilleur allié. Et après avoir contribué à tout cela, Vous sympathisez avec des ennemis qui sont mille fois pires que Staline. Vous demandez pardon à des envahisseurs qui vous volent le Saint-Sépulcre et qui voudraient vous prendre le Vatican ? ! ?)

\* \* \*

Je ne m'adresse pas, bien sûr, aux vautours qui jouissent devant les images des ruines et ricanent « Bien-aux-Américains-ça-leur-va-bien ». Je m'adresse aux personnes qui, n'étant ni stupides ni méchantes, se laissent encore bercer par la prudence et par le doute. Et je leur dis : debout, braves gens, debout ! Réveillez-vous ! Paralysés comme vous l'êtes par la peur d'aller à contre-courant ou de sembler racistes, (un mot totalement inapproprié puisque ce que je dis regarde une religion, pas une race), vous ne comprenez pas ou vous ne voulez pas comprendre que nous avons à faire avec une Croisade à l'envers. Habitués comme vous l'êtes au double jeu, aveuglés comme vous l'êtes par la myopie, vous ne comprenez pas ou vous ne voulez pas comprendre qu'il s'agit d'une guerre de religion. Une guerre voulue et déclarée par une frange de cette religion, peut-être, (peut-être ?), mais une guerre de religion. Une guerre qu'ils appellent Djihad : Guerre Sainte. Une guerre qui ne vise peut-être pas (peut-être pas ?) à la conquête de nos territoires, mais qui certainement vise à la conquête de nos âmes. À la disparition de notre liberté et de notre civilisation, à l'anéantissement de notre façon de vivre et de mourir. Notre façon de prier ou ne pas prier, d'étudier ou de ne pas étudier, de boire ou de ne pas boire, de nous habiller ou de ne pas nous habiller, de nous amuser, nous informer... Vous ne comprenez pas ou vous ne voulez pas comprendre que si nous restons inertes, si nous ne nous défendons pas, si nous ne luttons pas, la Djihad vaincra. Et elle détruira le monde que bien ou mal nous avons réussi à construire, à changer, à rendre un peu meilleur et un peu plus intelligent c'est-à-dire moins bigot ou pas bigot du tout. Et elle détruira notre culture, notre art, notre science, notre morale, nos valeurs, nos plaisirs... Ne vous rendez-vous pas compte que les

Oussama Ben Laden s'arrogent le droit de tuer vous et vos enfants parce que vous buvez du vin ou de la bière, parce que vous ne portez pas la barbe longue ou le tchador ou le bourkah, parce que vous allez au théâtre et au cinéma, parce que vous aimez la musique et vous chantez une chansonnette, parce que vous dansez dans les boîtes de nuit ou chez vous, parce que vous regardez la télévision, parce que vous portez des minijupes ou des shorts, parce que vous vous baladez nus ou presque nus à la plage et au bord des piscines, parce que vous baisez lorsque vous en avez envie où vous en avez envie et avec qui vous en avez envie, et enfin parce que vous priez Jésus-Christ ou bien vous êtes athées ? Même cela ne vous importe pas, espèces d'idiots ? ! ? Moi je suis athée, grâce à Dieu. Irrémédiablement, orgueilleusement, athée. Et je n'ai aucune intention d'être punie à cause de mon athéisme par les fils d'Allah. C'est-à-dire par des monsieurs qui au lieu de contribuer au progrès de l'humanité passent leur temps avec le derrière en l'air, à prier cinq fois par jour !

Cela fait vingt ans que je le répète. Vingt ans. Avec une certaine douceur, pas avec cette rage et cette passion, il y a vingt ans j'écrivis sur ce sujet un article. C'était l'article d'une personne habituée à respecter toutes les races et tous les credos, d'une citoyenne habituée à combattre tous les fascismes et toutes les intolérances, d'une laïque sans tabous. Mais c'était aussi l'article d'une personne indignée contre les Occidentaux qui ne sentaient pas la puanteur d'une Guerre Sainte à venir, et qui pardonnaient trop de choses aux fils d'Allah. Je faisais à peu près ce raisonnement, il y a vingt ans : « Quel sens y a-t-il à respecter ceux qui ne nous respectent pas ? Quel sens y a-t-il à défendre leur culture ou présumée culture alors qu'ils méprisent la nôtre ? Je veux défendre la nôtre, pardieu, et je vous informe que Dante Alighieri me plaît plus qu' Omar Khayyâm. » Ciel, ouvre-toi ! Ils me crucifièrent. « Raciste, raciste ! » Ce furent les Cigales soi-disant progressistes (ils s'appelaient alors communistes) et catholiques qui me crucifièrent. D'ailleurs, l'insulte raciste-raciste je la reçus même lorsque les Soviétiques se plantèrent en Afghanistan. Te souviens-tu des barbus portant la tunique et le turban qui avant de tirer au mortier ou mieux à chaque coup de mortier braillaient « Allah akbar, Dieu-est-grand, Allah akbar » ? Moi, je m'en souviens. Et chaque fois qu'ils s'adressaient à Dieu pour tirer au mortier j'avais un frisson d'horreur. Il me semblait vivre encore au Moyen Âge et je disais : « Les Soviétiques sont ce qu'ils sont. Mais il faut admettre qu'en faisant cette guerre ils nous protègent aussi. Et je les en remercie. » Ciel, rouvre-toi ! « Raciste, raciste ! » Dans leur aveuglement, les Cigales ne voulaient même pas m'entendre parler des monstruosités que les fils d'Allah perpétraient contre les militaires soviétiques faits prisonniers. Aux militaires soviétiques, ils sciaient les jambes et les bras, t'en souviens-tu ? Un petit vice auquel ils s'étaient déjà livrés au Liban, sur les prisonniers chrétiens et juifs. (Ne t'émerveille pas trop, mon cher... Au XIX<sup>e</sup> siècle ils le faisaient systématiquement aux diplomates et aux ambassadeurs, surtout anglais. Je peux te donner des noms et des dates, et en attendant relis quelque livre sur le sujet. Ils leur coupaient même la tête, aux diplomates, aux ambassadeurs anglais, et avec ces têtes ils jouaient au polo. Les jambes et les bras, au contraire, ils les exposaient ou les vendaient dans les bazars.) Mais qu'est-ce qu'elles en avaient à fiche, les Cigales catholiques et soi-disant progressistes, d'un pauvre petit soldat ukrainien qui gisait dans un hôpital avec les bras et les jambes coupés ? En ce temps-là elles applaudissaient les Américains qui abrutis par la peur de l'Union Soviétique inondaient d'armes l'héroïque-peuple-afghan, entraînaient les barbus et parmi ces barbus (Dieu leur pardonne, moi pas) un barbu-très-barbu nommé Oussama Ben Laden. « Les Russes hors de l'Afghanistan ! Les Russes doivent quitter l'Afghanistan ! » Eh bien, les Russes l'ont quitté. Contents ? Et de l'Afghanistan les barbus du très barbu Oussama Ben Laden sont arrivés à New York avec les sans-barbe syriens, égyptiens, irakiens, libanais, palestiniens, saoudiens, tunisiens, algériens qui composaient le groupe des dix-neuf kamikazes identifiés par le FBI. Contents ? Pire. Car maintenant ici on attend l'attaque que le terrorisme islamique voudrait déchaîner avec une épidémie capable de provoquer une hécatombe bien plus grande que celle du 11 septembre, c'est-à-dire avec les armes bactériologiques. Soir et matin les journaux télévisés parlent d'anthrax et de variole, les maladies les plus craintes parce que ce sont celles qui se transmettent le plus facilement, et un chimiste enfui de l'Union Soviétique pour se réfugier aux États-Unis avive le drame. Il se place sur les écrans de CNN et nous dit : « Don't take it easy. Ne le prenez pas à la légère. Même si elle ne s'est pas encore manifestée, cette menace est la plus réelle de toutes. Elle peut se matérialiser demain, elle peut se matérialiser dans un an ou dans deux ans ou trois ou plus. Préparez-vous-y. » Et malgré les mots de Bobby, malgré les mots de Giuliani, les gens ont peur. Contents ?

Certains ne sont ni contents ni mécontents. Ils s'en foutent. L'Amérique est loin, disent-ils. Entre l'Europe et l'Amérique il y a un océan d'eau. Oh, non, mes chers : vous vous trompez. Il y a un filet d'eau. Car lorsque le destin de l'Occident est en jeu, lorsque la survie de notre civilisation est en danger, l'Amérique c'est nous. Les États-Unis c'est nous. Nous Italiens, nous Français, nous Anglais, nous Allemands, nous Suisses, nous Autrichiens, nous Hollandais, nous Hongrois, nous Slovaques, nous Polonais, nous Scandinaves, nous Belges, nous Espagnols, nous Grecs, nous Portugais... Et aussi nous Russes qui, grâce aux musulmans de la Tchétchénie avons déjà eu notre portion des massacres. Les massacres de Moscou. Si les États-Unis s'écroulent, l'Europe s'écroule. L'Occident s'écroule. Nous nous écroulons. Et pas seulement en termes financiers : les seuls termes qui préoccupent l'Europe. (Un jour, quand j'étais jeune et naïve, je dis à l'écrivain Arthur Miller : « Les Américains mesurent tout avec l'argent. Ils se préoccupent seulement de l'argent. » Et Arthur Miller me répondit : « Vous non ? ») Nous nous écroulons dans tous les sens du terme, mes chers. Et au lieu des cloches, on se retrouve avec les muezzins, au lieu des minijupes on se retrouve avec le tchador ou le bourkah, au lieu du petit cognac on se retrouve avec le lait de chamelle. Même cela vous ne le comprenez pas, même cela vous ne voulez pas le comprendre, espèce d'idiots ?!? Blair l'a compris. Aussitôt après la tragédie, il est venu ici et il a affirmé, réaffirmé, la solidarité des Anglais. Pas une solidarité faite de bavardages et pleurnicheries : une solidarité fondée sur la chasse aux terroristes et sur l'alliance militaire. Chirac, non. Comme on sait, après la catastrophe Chirac est venu ici. Une visite prévue depuis longtemps, non une visite ad hoc. Il a vu les décombres des deux Tours, il a appris que les morts étaient en nombre incalculable, inavouable, mais il ne s'est pas compromis. Durant l'interview pour CNN, à quatre reprises Christiane Amanpour lui a demandé de quelle façon et dans quelle mesure il avait l'intention de participer à la lutte contre la Djihad. Et à quatre reprises il a évité de répondre, il a glissé comme une anguille. J'aurais voulu lui crier : « Monsieur le Président ! Vous souvenez-vous du débarquement en Normandie ? Vous souvenez-vous des Américains qui sont morts en Normandie pour chasser les nazis de la France ? »

Même parmi ses collègues, d'ailleurs, je ne vois aucun Richard Cœur de Lion. Et encore moins j'en vois en Italie où, deux semaines après la catastrophe, le gouvernement n'a pas encore identifié ni arrêté le moindre complice ou supposé complice d'Oussama Ben Laden. Par la grâce de Dieu, Monsieur Cavaliere, par la grâce de Dieu ! Dans tous les pays d'Europe des complices ou supposés complices ont été identifiés et arrêtés ! En France, en Allemagne, en Angleterre, en Espagne... Mais en Italie où les mosquées de Milan et de Turin et de Rome regorgent de salauds qui louent Oussama Ben Laden, de terroristes ou aspirants terroristes qui rêvent de faire sauter la coupole de Saint-Pierre, personne. Rien. Personne. Expliquez-moi, Monsieur Cavaliere : sont-ils aussi incapables que ça vos policiers et vos carabiniers ? Sont-ils aussi mal informés que ça vos Services Secrets ? Sont-ils aussi endormis que ça vos fonctionnaires ? Et les fils d'Allah que nous accueillons, sont-ils tous des petits saints ? N'ont-ils rien à voir avec ce qui s'est passé et se passe ? Ou bien en menant les enquêtes, en identifiant et en arrêtant ceux qui n'ont pas été identifiés ni arrêtés, craignez-vous pour votre sécurité ? Moi non, voyez-vous. Christ ! Moi, je ne dénie à personne le droit d'avoir peur. Mille fois j'ai écrit, par exemple, que ceux qui n'ont pas peur de la guerre sont des crétins. Ceux qui prétendent n'avoir pas peur à la guerre sont des crétins et des menteurs en même temps. Mais dans la Vie et dans l'Histoire, il y a des situations où il n'est pas permis d'avoir peur. Des situations où avoir peur est immoral et bar-

bare. Et ceux qui par faiblesse ou manque de courage ou habitude de ménager la chèvre et le chou se détournent de cette tragédie, se cachent, ne sont pas seulement lâches. Pour moi ils sont aussi idiots et masochistes.

* * *

Masochistes, oui, masochistes. Et à ce propos parlons de ce que tu appelles Contraste-entre-les-Deux-Cultures. Eh bien, si tu veux vraiment le savoir, le seul fait de parler de deux cultures me dérange. Le fait de les mettre sur le même plan comme s'il s'agissait de deux réalités parallèles, deux entités du même poids et de la même mesure, m'agace. Parce que derrière notre civilisation il y a Homère, il y a Socrate, il y a Platon, il y a Aristote, il y a Phidias. Il y a la Grèce antique avec son Parthénon, sa sculpture, son architecture, sa poésie, sa philosophie, sa découverte de la Démocratie. Il y a la Rome antique avec sa grandeur, sa Loi, sa littérature, ses palais, ses amphithéâtres, ses aqueducs, ses ponts et ses routes. Il y a un révolutionnaire, ce Christ mort sur la croix, qui nous a enseigné (et tant pis si nous ne l'avons pas appris) l'amour et la justice. Il y a également une Église qui nous a infligé l'Inquisition, je sais, qui nous a torturés et brûlés mille fois sur le bûcher, qui nous a opprimés pendant des siècles, qui pendant des siècles nous a contraints à ne sculpter et ne peindre que des Christ et des Sainte Vierge, et qui m'a presque tué Galilée. Elle me l'a humilié, neutralisé, muselé. Mais elle a aussi donné une grande contribution à l'histoire de la Pensée, cette Église. Même une athée comme moi ne peut le nier. Et puis, il y a la Renaissance. Il y a Leonardo da Vinci, il y a Michelangelo, il y a Raffaello. Il y a la musique de Bach, de Mozart, de Beethoven, Donizetti, Wagner, Rossini, Verdi et compagnie. Cette musique sans laquelle nous ne savons pas vivre et qui est interdite dans leur culture ou prétendue culture, gare à toi si tu siffles une chansonnette ou si tu entonnes le chœur de *Nabucco*... («Je peux tout au plus autoriser quelques marches pour les soldats» me dit Khomeiny.) Enfin, il y a la Science. Une science qui en très peu de siècles a fait des découvertes étourdissantes, accompli des merveilles qui ressemblent aux sorcelleries de Merlin l'Enchanteur. Il y a Copernic, il y a Galilée, il y a Newton, Darwin, Pasteur, Einstein (je dis les premiers noms qui me viennent à l'esprit), et ces bienfaiteurs de l'humanité n'étaient pas des disciples de Mahomet, pardieu! Ou je me trompe? Le moteur, le télégraphe, l'électricité, le radium, la radio, le téléphone, la télévision ne sont pas dus aux mollahs et aux ayatollahs. Ou je me trompe ? Les bateaux à vapeur, le train, l'automobile, l'avion, les vaisseaux spatiaux avec lesquels nous sommes allés sur la Lune et sur Mars et bientôt nous irons Dieu sait où, non plus. Ou je me trompe ? Les greffes de cœur, de foie, de poumons, les traitements contre le cancer, la découverte du génome, idem. Ou je me trompe ? Et même si tout cela est un tas d'ordures, mais je dirais que non, réponds-moi : derrière l'autre culture, la culture des barbus avec la tunique et le turban, qu'est-ce qu'on trouve ?

Cherche et recherche, moi je ne trouve que Mahomet avec son Coran, Averroès avec ses mérites d'érudit (ses *Commentaires* sur Aristote, etc.) et le poète Omar Khayyâm. Arafat trouve aussi les nombres, les mathématiques. En 1972, une fois encore en me braillant dessus, une fois encore en me postillonnant au visage, il me dit que sa culture était supérieure à la mienne. Très supérieure à la mienne, (lui il peut donc l'utiliser ce mot « supérieur » ?), car ses ancêtres avaient inventé les nombres et conçu les mathématiques. Mais outre une faible intelligence, Arafat a la mémoire courte. À cause de cela il change sans cesse d'opinion et se contredit à chaque instant. Mon cher Arafat (si je puis dire), vos ancêtres n'ont pas inventé les nombres. Ils ont inventé une écriture des nombres que nous aussi Infidèles nous avons adoptée. Et les mathématiques n'ont pas été conçues par eux ou par eux seuls. Elles ont été conçues presque à la même époque par toutes les civilisations du passé. En Mésopotamie, en Inde, en Chine, en Grèce, en Arabie, en Égypte, chez les Mayas... Assez de bavardages : qu'on tourne les choses d'un côté ou de l'autre, on trouve que vos ancêtres ne nous ont laissé que quelques belles mosquées et une religion qui n'a sûrement pas contribué à l'histoire de la Pensée. Et qui dans ses côtés les plus acceptables est un plagiat de la religion chrétienne et de la religion judaïque ainsi que de la philosophie hellénique. Et, cela dit, voyons les qualités de ce Coran que les Cigales respectent plus que *Das Kapital* et les Évangiles. Qualités ? Depuis le 11 septembre 2001 les spécialistes de l'Islam ne font que chanter les louanges de Mahomet, me raconter que le Coran prêche la paix et l'amour et la justice. (Bush aussi, pauvre Bush. Pour garder les vingt-quatre millions d'Américains arabo-musulmans, il répète ces trois mots comme les Français de la Révolution et du Directoire répétaient le slogan Liberté-Égalité-Fraternité.) Mais au nom de la logique : si ce Coran est si juste et amoureux et pacifique,

comment explique-t-on la Loi de l'Œil-pour-Œil-
et-Dent-pour-Dent ? Comment explique-t-on le
drap hallucinant avec lequel des millions de malheureuses musulmanes couvrent leur corps et
leur visage, et à cause duquel elles regardent le
monde à travers une minuscule grille placée
devant leurs yeux, bref, le bourkah ? Comment
explique-t-on l'infamie de la polygamie et le
principe selon lequel les femmes comptent moins
que les chameaux, ne peuvent pas aller à l'école,
ne peuvent pas jouir du soleil, ne peuvent pas se
faire photographier, etcetera etcetera amen ?
Comment explique-t-on l'interdiction de boire
de l'alcool et la peine de mort pour ceux qui en
boivent ? Comment explique-t-on l'histoire des
femmes adultères lapidées ou décapitées ? (Pour
l'homme coresponsable, rien.) Comment explique-
t-on le cas des voleurs auxquels en Arabie Saoudite le bourreau coupe les mains, au premier vol
la gauche, au deuxième la droite, au troisième un
pied, et puis Dieu sait quoi ? Ces horreurs aussi
sont imposées par le Saint-Livre, oui ou non ? ! ?
Et il ne me paraît pas si juste. Il ne me paraît pas
si amoureux, si pacifique. Il ne me paraît même
pas intelligent. Et à propos d'intelligence : est-il
vrai qu'en Europe les barons de la prétendue
gauche ne veulent pas écouter ce que je dis ?
Est-il vrai qu'en l'écoutant ils sortent de leurs

gonds et crient inacceptable-inacceptable? Se sont-ils convertis en masse à l'Islam et au lieu de fréquenter les Maisons du Peuple, fréquentent-ils les mosquées maintenant? Ou bien crient-ils comme ça pour satisfaire leur nouvel allié et complice, ce pape qui demande pardon aux Saladin qui lui dérobèrent le Saint-Sépulcre? Bah! Mon oncle Bruno avait bien raison de dire: « L'Italie, qui n'a pas eu la Réforme, est le pays qui a vécu et vit le plus intensément la Contre-Réforme. » (La France, aussi?)

Voilà donc ma réponse à ta question sur le Contraste-entre-les-Deux-Cultures. Sur cette terre, il y a de la place pour tous. Chez soi, chacun fait ce qui lui plaît. Et si dans certains pays les femmes sont stupides au point d'accepter le tchador ou bien le drap sous lequel on regarde le monde à travers une grille minuscule, tant pis pour elles. Si elles sont stupides au point d'accepter de ne pas aller à l'école, ne pas se rendre chez le médecin, ne pas jouir du soleil, ne pas se faire photographier etcetera etcetera amen, tant pis pour elles. Si elles sont stupides au point de se marier à un conard qui veut quatre malheureuses dans son lit, tant pis pour elles. Si leurs maris sont idiots au point de ne boire ni bière ni vin, idem. Ce n'est pas moi qui vais les en empêcher. J'ai été éduquée dans le concept de liberté, moi, et ma mère disait : « Le monde est beau parce qu'il est varié. » Mais s'ils essaient d'imposer ces choses à moi, à mon pays, à notre culture, s'ils prétendent nous rendre Fidèles... Ils le prétendent. Oussama Ben Laden affirme que la planète entière doit devenir musulmane, que nous devons tous nous convertir à l'Islam, que de gré ou de force lui il nous convertira, que c'est dans ce but qu'il nous tue et continuera à nous tuer. Et même pas à vous cela ne peut vous plaire, émasculés amis de l'Islam. À moi personnellement, il me vient une grande envie de renverser les rôles et de le tuer, lui. Le problème est que rien ne se résoudra avec la mort d'Oussama Ben Laden. Car les Oussama Ben Laden ne sont pas seulement dans les pays musulmans. Ils sont partout, et les plus aguerris sont précisément chez nous. La Croisade à l'Envers dure depuis trop longtemps, mon cher. Et elle est bien trop nourrie par la faiblesse de l'Occident, par la timidité de l'Occident, par la non-clairvoyance de l'Occident, par le bien-être de l'Occident, par la technologie et les opportunités de l'Occident. C'est-à-dire par nos ordinateurs, notre Internet, nos téléphones mobiles, nos conforts, nos principes d'hospitalité, nos lois complaisantes, notre démagogie ridicule, notre pacifisme lâche et hypocrite, notre (votre) peur.

Ses soldats, ses Croisés, ont désormais conquis leurs positions et les tiennent comme leurs ancêtres tenaient l'Espagne et le Portugal du IX$^e$ au XV$^e$ siècle. Ils sont de plus en plus, ils seront de plus en plus, ils veulent de plus en plus, ils voudront de plus en plus, et ceux qui aujourd'hui vivent sur notre territoire ne peuvent être considérés que comme des pionniers. Donc négocier avec eux est impossible. Raisonner avec eux, impensable. Les traiter avec indulgence ou tolérance ou bien espoir, un suicide. Et quiconque croit le contraire est un pauvre con.

\* \* \*

Je ne parle pas comme ça par ouï-dire, mon cher. Je parle comme ça car le monde de ces pionniers je l'ai assez bien connu. En Iran, en Irak, au Pakistan, au Bangladesh, en Arabie Saoudite, au Koweit, en Libye, en Jordanie, au Liban, et chez nous : en Italie. Je l'ai connu, oui, et même à travers des épisodes grotesques j'en ai eu les confirmations les plus effrayantes. Moi je n'oublierai jamais ce qui m'arriva à l'ambassade iranienne de Rome lorsque je demandai un visa pour aller interviewer Khomeiny et me présentai avec les ongles vernis de rouge. Pour eux, un signe d'immoralité voire un délit pour lequel les fondamentalistes te tranchent les doigts. D'une voix cinglante deux barbus m'ordonnèrent d'enlever immédiatement le rouge, et si je n'avais pas hurlé ce que j'aurais voulu leur enlever ou mieux leur couper, ils m'auraient tranché les doigts dans mon pays. Je n'oublierai pas non plus ce qui m'arriva à Qom, la ville sainte de Khomeiny, où étant femme je me trouvai refoulée par tous les hôtels. Tous ! Pour interviewer Khomeiny j'étais obligée de porter le tchador, pour porter le tchador je devais ôter mes jeans, pour ôter mes jeans il fallait que je m'isole. Naturellement j'aurais pu effectuer cette opération dans la voiture avec laquelle j'avais voyagé de Téhéran. Mais l'interprète m'en empêcha. Madame-ça-serait-une-folie, Madame... Faire-une-chose-pareille-dans-la-ville-sainte-de-Qom-on-finirait-fusillés, Madame... Ainsi, de refus en refus, nous aboutîmes à l'ancien Palais Royal où un gardien miséricordieux nous laissa entrer et utiliser l'ancienne Salle du Trône. Une salle où je me sentais une espèce de Vierge Marie qui pour mettre au monde l'Enfant Jésus se réfugie avec Joseph dans l'étable chauffée par l'âne et le bœuf. Et sais-tu ce qui arriva ? Il arriva que le Coran interdit à un homme et une femme non mariés entre eux de s'isoler derrière une porte fermée, et tout à coup la porte fermée s'ouvrit. Informé de notre présence le Contrôleur de la Moralité (un mollah très sévère) fit irruption en criant honte-à-vous-honte, et il n'y avait qu'une solution pour ne pas être fusillés. Se marier. Signer l'acte de mariage à échéance (quatre mois) que le mollah nous agitait devant le visage : se marier. Le problème est que l'interprète avait déjà une épouse. Espagnole. Une certaine Consuelo très jalouse donc pas disposée à accepter les règles de la polygamie. Et moi je ne voulais épouser personne. Encore moins, un Iranien marié à une Espagnole jalouse donc pas disposée à accepter les règles de la polygamie. En même temps je ne voulais pas finir fusillée, c'est-à-dire rater l'interview de Khomeiny. Dans ce dilemme je me débattais pleine d'angoisse, et...

Tu ris, j'en suis sûre. Tu m'écoutes comme si je racontais des plaisanteries amusantes, j'en suis sûre. Alors je ne te dirai pas la suite de cette histoire. Je te laisse avec la curiosité de savoir si je me mariai ou pas avec l'interprète déjà marié, et pour te faire pleurer je vais te raconter celle des douze jeunes impurs (ce qu'ils avaient fait d'impur, je ne l'ai jamais su) qui après la guerre du Bangladesh furent exécutés à Dacca. Ils furent exécutés dans le stade sportif, à coups de baïonnette dans le thorax et le ventre, et sous les yeux de vingt mille fidèles qui assis dans les tribunes applaudissaient au nom d'Allah. « Allah akbar, Dieu est grand, Allah akbar. » Je sais, je sais. Au Colisée les anciens Romains, ces Romains dont ma culture est si fière, se divertissaient à voir mourir les chrétiens livrés en pâture aux lions. D'accord, d'accord. Partout en Europe les chrétiens, ces chrétiens dont je reconnais la contribution qu'ils ont apportée à l'Histoire de la Pensée, se divertissaient à voir brûler les hérétiques. Mais plusieurs siècles sont passés depuis ce temps-là. D'une manière ou d'une autre nous sommes devenus un peu plus civilisés, et même les fils d'Allah devraient comprendre que certaines choses ne se font pas. Pourtant, ils les font. Après les douze jeunes impurs ils tuèrent un enfant de douze ans qui s'était jeté sur un corps en pleurant mon-frère, mon-frère. Ils lui éclatèrent la tête à coups de talon. Et si tu n'y crois pas, relis mon reportage ou ceux des journalistes français, allemands, anglais qui horrifiés comme moi assistaient au carnage avec moi. Ou, mieux encore, regarde les photos prises par le photographe allemand... Le point que je tiens à souligner, de toute façon, n'est pas cela. C'est qu'après le carnage les vingt mille fidèles (dont beaucoup de femmes) abandonnèrent les tribunes pour se rendre sur le terrain. Mais pas d'une façon désordonnée et débraillée et rapide, remarque bien : d'une façon réglée, calme, solennelle. Lentement ils formèrent un cortège. Lentement ils se rendirent au centre du terrain. Et psalmodiant sans cesse Allah akbar-Allah akbar, ils passèrent sur les cadavres. Ils les réduisirent à un tapis d'os broyés, ils les détruisirent comme les Tours de New York.

Ah ! Je pourrais continuer à l'infini avec ces témoignages. Je pourrais te dire des choses que je n'ai jamais dites, jamais publiées... Car sais-tu quel est le problème des gens comme moi, de ces gens qui en ont trop vu ? C'est qu'à la longue ils s'habituent aux horreurs, aux injustices. En les racontant il leur semble ruminer un repas déjà ruminé, une chose ennuyeuse, donc ils finissent par se taire. Sur la cruauté de la polygamie que le Coran recommande et que les cigales ne condamnent jamais, toutefois, je peux raconter le cas d'Ali Bhutto. Oui, Ali Bhutto : le chef d'État pakistanais mort pendu par ses adversaires extrémistes. Je l'ai bien connu. L'entretien avec lui dura presque deux semaines, au Pakistan. Et, sans que je le lui eusse demandé, un soir il me confia la vérité sur son premier mariage. Un mariage célébré contre sa volonté, alors qu'il avait moins de treize ans. Pour épouse, une cousine qui était une femme adulte. Il me le confia en larmes. Une larme coulait continuellement le long de son nez, tombait sur sa bouche, et chaque fois il la léchait... Le lendemain, cependant, il s'en repentit. Il me demanda de ne pas écrire certains détails, et moi je ne les écrivis pas. Parce que j'ai toujours respecté la vie privée des gens, j'ai toujours éprouvé une sorte de malaise à écouter et rapporter leurs affaires personnelles. (Je me souviens de l'élan avec lequel, durant une interview à Jérusalem, j'essayai d'interrompre Golda Meir qui, elle aussi de sa propre initiative, me confiait la tristesse de sa vie conjugale. « Golda, êtes-vous sûre de vouloir me raconter ça ? ») Puis, deux ou trois ans après, je le revis. En Italie. Dans une librairie de Rome, par hasard. Il m'invita à boire un thé, nous restâmes quelques heures à bavarder sur le monde islamique, et à un moment il dit : « Eh ! J'ai fait une erreur en vous demandant d'expurger l'histoire de mon premier mariage... Un jour vous devriez l'écrire tout entière. » Juste. Car l'histoire entière va au-delà du chantage qu'à moins de treize ans il avait subi pour épouser la cousine qui était déjà une femme adulte : « Si tu es gentil, si tu consommes le mariage, tu auras un beau cadeau : des patins à roulettes. » (Ou bien des battes pour jouer au cricket ? Je ne me rappelle pas bien.) Elle inclut la fête des noces à laquelle, en tant que femme, donc être inférieur, l'épouse ne participa pas. Et, avec cette fête des noces, la nuit où le mariage payé avec les patins à roulettes ou les battes de cricket aurait dû être consommé. « Nous ne l'avons pas consommé... J'étais trop jeune, vraiment un enfant... Je ne savais pas quoi faire, quoi dire, et au lieu de m'aider elle pleurait. Elle pleurait, elle pleurait... Aussi je me suis mis à pleurer moi aussi. Puis, fatigué de pleurer, je me suis endormi et le lendemain je suis parti pour aller étudier en Angleterre. Je ne l'ai revue qu'après mon second mariage, quand j'étais désormais amoureux de ma seconde épouse et... Comment le dire ? Je ne suis pas un disciple de la chasteté, et souvent on m'accuse d'être un coureur de filles. Un don Juan. Pourtant, de ma première femme je n'ai jamais eu d'enfants... Parce que... Parce que malgré sa grâce et sa beauté, je ne l'ai jamais mise dans les conditions d'avoir des enfants. Le cauchemar de cette nuit-là m'en a toujours empêché. Et quand je vais lui rendre visite à Larkana où elle vit seule comme un chien abandonné, où elle mourra sans avoir jamais touché un homme car si elle touche un autre homme elle se rend coupable d'adultère et finit lapidée, j'ai honte de moi-même et de ma religion. » (Voilà, Bhutto. Où que vous soyez, et je suis certaine que vous n'êtes nulle part sauf dans un cimetière, sachez que j'ai réalisé votre désir. Je l'ai racontée, enfin, l'histoire entière.)

* * *

Je pourrais surtout fournir des exemples scandaleux du mépris que les musulmans ont envers les femmes. Des exemples grâce auxquels même le premier mariage de Bhutto devient simplement une expérience désagréable... Mon presque-mariage de Qom, une plaisanterie. Car ils démontrent sans l'ombre d'un doute que pour les fils d'Allah la mort d'une femme n'a aucune importance. En 1973, à Amman, j'en ai parlé au roi Hussein de Jordanie : à mon avis un type qui était musulman comme je suis catholique. (Tellement sympathique, intelligent, civilisé, qu'aujourd'hui encore je me demande s'il était vraiment né et avait vraiment grandi à l'ombre des minarets. Songe qu'une fois, à cette époque-là je le rencontrais assez souvent, je lui dis : « Majesté, je dois avouer qu'étant républicaine il me dérange de vous appeler Majesté ! » Et au lieu de s'en fâcher Sa Majesté répondit avec un éclat de rire : « Appelez-moi simplement Hussein, alors ! » Puis il ajouta que le travail de roi était pour lui un travail comme les autres. « A job like another one. ») Je lui en ai parlé, du mépris que les musulmans ont envers les femmes, pour lui raconter ce que les fedayins palestiniens d'une base secrète en Jordanie m'avaient fait pendant un bombardement nocturne israélien. Eux, individus de sexe masculin donc êtres supérieurs, s'étaient réfugiés dans un bunker solide. Moi, pauvre femelle donc être inférieur, j'avais été enfermée à clef dans un entrepôt d'explosifs. (Imagine-toi le choc que j'eus quand j'allumai mon briquet pour voir où j'étais et que je vis les caisses sur lesquelles il était écrit Explosif-Dynamite-Explosif.) Il s'emporta comme un taureau, pauvre Hussein. « Dans mon pays, dans mon royaume ! » il écumait. Mais maintenant quittons les exemples personnels et passons à ce que j'ai vu hier à la télévision. L'atroce documentaire tourné à Kaboul par une courageuse journaliste anglo-afghane au visage mélancolique et décidé, à la voix ferme et triste. Un documentaire même pas exceptionnel, techniquement parlant, mais si atroce qu'il m'a bouleversée même si la présentation m'avait mise sur le qui-vive : « We warn our spectators. Nous avertissons nos téléspectateurs. This program contains very disturbing images. Ce programme contient des images très choquantes. »

Est-il passé en Italie ? Qu'il soit passé ou pas, je te dis tout de suite quelles sont les images très choquantes. Ce sont les photogrammes montrant l'exécution de trois femmes coupables d'on ne sait pas quoi. Une exécution qui se déroule sur la place centrale de Kaboul. Pour être exact, un parking désolé de cette place. Et voilà. Tout à coup sur le parking désolé arrive une fourgonnette, et trois choses en descendent. Trois choses, trois femmes, recouvertes du drap avec la minuscule grille placée devant les yeux. Bref, le bourkah. Le bourkah de la première est marron, celui de la deuxième est blanc, celui de la troisième est gris. La femme avec le bourkah marron est visiblement terrorisée. Elle titube, elle chancelle, elle ne tient pas sur ses jambes. La femme avec le bourkah blanc avance à petits pas égarés comme si elle avait peur de trébucher et de se faire mal. La femme avec le bourkah gris, petite et menue, marche en revanche à pas sûrs, et à un certain moment elle s'arrête. Elle fait le geste de soutenir ses compagnes, de les encourager, mais un barbu avec la tunique et le turban intervient brusquement. Il les sépare, il les bouscule, il les contraint à s'agenouiller par terre. Tout se passe sous les yeux des hommes qui traversent la place, mangent des dattes, se mettent les doigts dans le nez, et bâillent comme si la chose ne les regardait pas. Seul un garçon dans le fond observe d'un œil intéressé, intrigué. L'exécution se déroule d'une façon expéditive. Sans lecture de sentence, sans tambour, sans peloton militaire, c'est-à-dire sans

cérémonie ni solennité. Les trois femmes se sont
à peine agenouillées par terre que le bourreau,
un autre barbu avec la tunique et le turban, surgit d'on ne sait pas où en tenant une mitraillette
dans sa main droite. Il la tient comme on tient
un cabas. Nonchalant, ennuyé, bougeant comme
celui qui répète des gestes habituels et peut-être
quotidiens, il se dirige vers les trois choses qui
attendent immobiles. Et qui étant immobiles ne
ressemblent même plus à des êtres humains,
elles ressemblent à des paquets posés sur
l'asphalte. Il les atteint dans le dos et, nous prenant par surprise, à brûle-pourpoint il fait feu
dans la nuque de la femme avec le bourkah marron qui aussitôt tombe en avant. Raide morte.
Puis, toujours nonchalant, ennuyé, il se déplace
d'un mètre et fait feu dans la nuque de la femme
avec le bourkah blanc qui tombe de la même
façon. Face contre terre. Puis il se déplace d'un
mètre, encore, marque une pause, il se gratte les
organes génitaux. Lentement, satisfait. Enfin il
tire dans la nuque de celle avec le bourkah gris
qui au lieu de tomber en avant comme ses copi-
nes reste quelques secondes immobile. La tête
haute, le buste droit. Fièrement droit. Enfin elle
s'écroule sur un côté, et dans un dernier geste de
révolte soulève le bord de son bourkah. Elle
montre une jambe. Mais, imperturbable, lui il la

recouvre et appelle les fossoyeurs qui immédiatement empoignent les trois cadavres par les che-
villes. Laissant sur l'asphalte trois larges bandes
de sang, ils les traînent comme trois poubelles et
sur l'écran apparaît le ministre des Affaires Étrangères et de la Justice, monsieur Wakil Motawakil.
(Oui. J'ai noté son nom. On ne sait jamais les
opportunités que la vie vous réserve. Un jour je
pourrais le rencontrer sur une route déserte et
avant de le tuer je devrai m'assurer de son identité.
« Are you really Mister Wakil Motawakil ? »)

C'est un gros lard de trente ou quarante
ans, Mister Wakil Motawakil. Très gras, très
enturbanné, très barbu, très moustachu, et avec
une voix perçante de castrat. En parlant des trois
femmes il jubile. Il ondule comme une marmite de
gélatine et il pépie : « This is a very joyful day. Ceci
est un jour de grande joie. Today we gave back
peace and security to our city. Aujourd'hui nous
avons restitué la paix et la sécurité à notre ville. »
Mais il ne dit pas de quelle façon les trois femmes
avaient enlevé la paix et la sécurité de la ville, pour
quels crimes elles ont été condamnées et exécutées. Ont-elles retiré leurs bourkahs pour aller
aux toilettes ? Ont-elles découvert leur visage
pour boire un verre d'eau ? Ou bien ont-elles défié
l'interdit de chanter en entonnant une berceuse à
leurs bébés ? À moins qu'elles ne se soient rendues

coupables du crime des crimes : rire. (Oui, rire : j'ai dit rire. Vous ne saviez pas que dans l'Afghanistan des Talibans les femmes ne peuvent pas rire, qu'il leur est même interdit de rire ?) Toutes ces questions m'étranglent jusqu'au moment où, Wakil Motawakil disparu, apparaît sur l'écran une petite salle pleine de jeunes filles sans bourkah. De jolies filles au visage découvert, aux bras nus, aux robes décolletées. Et l'une rit gaiement, insolemment. Une se fait des frisettes, une se maquille les yeux, une se peint les lèvres, une se vernit les ongles. Ainsi j'en déduis que nous ne sommes plus en Afghanistan, que la brave journaliste est rentrée à Londres où elle veut nous consoler en montrant un finale empreint d'espoir. Erreur. Nous sommes toujours à Kaboul, et la brave journaliste est tellement effrayée que sa voix ferme et triste est devenue rauque, presque cassée. Avec cette voix rauque, presque cassée, elle murmure : « Pour filmer ce que vous voyez nous prenons de gros risques, mon équipe et moi. Nous nous trouvons en effet dans l'un des lieux les plus interdits de la ville : une boutique clandestine, un symbole de la Résistance au régime des Talibans. Un salon de coiffure. » Alors, avec un frisson d'angoisse, je me souviens du mal que sans m'en rendre compte en 1980 (interview de Khomeiny) je fis à un coiffeur de Téhéran. Un gentil Iranien dont la boutique « Chez Bashir, Coiffeur pour Dames » avait été fermée par les bandes gouvernementales en tant que Lieu de Perdition et de Péché. Car en profitant du fait que Bashir possédait tous mes livres traduits en farsi, bref, il connaissait mon travail, je le convainquis d'ouvrir la boutique pour une demi-heure. « Soyez gentil, Bashir, juste une demi-heure. J'ai besoin de me laver la tête et dans ma chambre il n'y a pas d'eau chaude. » Pauvre Bashir. Il tremblait comme une feuille en retirant les scellés placés par les bandes gouvernementales. Et en me laissant entrer il disait : « Madame, Madame, vous ne comprenez pas à quoi je m'expose et vous vous exposez. Si quelqu'un s'en aperçoit ou l'apprend, je vais tout droit en prison. Et vous aussi. » Ce jour-là, personne ne s'en aperçut. Mais huit mois plus tard, lorsque je retournai à Téhéran (autre sale histoire dont je n'ai jamais parlé), je cherchai Bashir et on me dit . « Vous ne le savez pas ? Après votre départ, quelqu'un parla. Bashir fut arrêté et il se trouve encore en prison. »

Je me souviens et je comprends que les trois femmes ont été exécutées parce qu'elles s'étaient rendues chez le coiffeur. Je comprends qu'elles étaient trois combattantes, trois héroïnes, et réponds-moi : est-ce que c'est celle-ci la culture à laquelle tu fais allusion quand tu parles du

Contraste-entre-les-Deux-Cultures ? ! ? Eh non, mon cher : non. Distraite par mon amour pour la Liberté j'ai commencé en affirmant que dans le monde il y a de la place pour tous, que ma mère disait le-monde-est-beau-parce-qu'il-est-varié, que si les femmes musulmanes sont stupides au point d'accepter ce qui se passe, tant pis pour elles : l'important-c'est-que-ce-qui-se-passe-ne-me-soit-pas-imposé-à-moi. Leurs-affaires-ne-me-concer-nent-pas. Mais j'ai dit une chose injuste, une chose inacceptable. Car en disant ça j'ai oublié que la liberté sans justice est une demi-liberté, que défendre seulement sa propre liberté est une insulte à la Justice. Et implorant le pardon des trois héroïnes, de toutes les femmes exécutées tourmentées humiliées martyrisées ou fourvoyées par les fils d'Allah, fourvoyées au point de se joindre à ce cortège qui piétinait les douze cadavres de Dacca, je déclare que leurs affaires me concernent beaucoup. Elles nous concernent tous, messieurs et mesdames les Cigales, et...

Aux Cigales de sexe masculin, c'est-à-dire aux hypocrites qui contre la « culture » du bourkah n'ouvrent jamais la bouche, ne bougent jamais un doigt, je n'ai rien à dire. Les abus que le Coran ordonne ou autorise aux dépens des femmes n'entrent pas dans leur interprétation du Progrès et de la Justice, et je soupçonne qu'en secret ils sont fort envieux de Wakil Motawakil. (Bienheureux-celui-qui-peut-les-fusiller.) Très souvent, en effet, ils battent leurs femmes. Aux Cigales homosexuelles, pareil. Dévorés par le dépit de ne pas être complètement des femelles, ils abhorrent même les malheureuses qui les mirent au monde, et ne voient dans les femmes qu'un ovule pour cloner leur espèce incertaine. Aux Cigales de sexe féminin, c'est-à-dire aux féministes de sombre mémoire, au contraire, j'ai quelque chose à dire. Bas les masques, fausses Amazones. Vous rappelez-vous le temps où, au lieu de me remercier de vous avoir aplani le chemin, c'est-à-dire d'avoir prouvé qu'une femme peut faire n'importe quel travail aussi bien qu'un homme ou mieux qu'un homme, vous me couvriez d'injures ? Vous rappelez-vous le temps où au lieu de me donner en exemple vous me qualifiiez de sale-machiste, truie-machiste, et me lapidiez car j'avais écrit un livre intitulé *Lettre à un enfant jamais né* ? « Laid, laid, laid. Il ne durera qu'un été. » (Il dure depuis trente-trois ans.) Et aussi : « Elle a l'utérus dans la tête. » Eh bien, que se passe-t-il avec votre féminisme livide ? Que se passe-t-il avec votre prétendue combativité ? Comment se fait-il qu'à propos de vos sœurs afghanes, des femmes exécutées tourmentées humiliées martyrisées ou fourvoyées par les cochons avec la tunique et le turban, vous adoptiez le silence de vos petits mecs ? Comment se fait-il que vous n'organisiez jamais une petite huée de protestation devant l'ambassade d'Afghanistan ou d'Arabie Saoudite ou de quelques autres pays musulmans ? Êtes-vous toutes tombées amoureuses d'Oussama Ben Laden, de ses gros yeux à la Torquemada, de ses lèvres dodues et de ce qui se trouve sous sa sale tunique ? Le trouvez-vous romantique, le considérez-vous comme un héros, rêvez-vous d'être violées par lui ? Ou bien la tragédie de vos sœurs musulmanes ne vous intéresse-t-elle pas car vous les considérez comme inférieures ? Dans ce cas, qui de nous est raciste : moi ou vous ? La vérité est que vous n'êtes même pas des cigales. Vous êtes et vous serez toujours des poules qui peuvent seulement criailler dans leur poulailler. Cot-codet-cot-cot-codet. Des parasites qui pour se faire remarquer ont toujours eu besoin d'un coq, d'un patron ou d'un ange gardien.

Stop. Et maintenant laisse-moi exposer la conclusion de mon raisonnement.

\* \* \*

Tu sais, quand je me désespère comme ça, je ne vois pas seulement les scènes apocalyp-

tiques du 11 septembre 2001. Les corps qui
tombent par douzaines des fenêtres des quatre-
vingtième et quatre-vingt-dixième et centième
étages, la première Tour qui implose et s'englou-
tit, la seconde qui fond comme un pain de
beurre. Souvent, aux deux Tours qui n'existent
plus se superposent les deux Bouddhas millénaires que les Talibans détruisirent il y a six mois.
Les deux images se mélangent, s'unissent, deviennent une seule chose, et je me demande : le
monde a-t-il déjà oublié ce crime-là ? Moi, non.
Et lorsque je regarde le couple de petits Bouddhas que je tiens dans mon living-room et qu'un
vieux moine persécuté par les Khmers Rouges
me donna à Phnom Penh durant la guerre du
Cambodge, mon cœur se serre. Il se brise, et au
lieu des petits Bouddhas je vois les énormes
Bouddhas taillés dans la roche qui se trouvaient
dans la vallée de Bamyan. La vallée où, il y a des
milliers d'années, les caravanes provenant de
l'Empire Romain et se dirigeant vers l'Extrême-
Orient ou vice versa transitaient avec leurs mar-
chandises. L'endroit par lequel passait la légen-
daire Route de la Soie, carrefour et amalgame des
cultures. (Quelle belle époque.) Je les vois parce
que sur eux je sais tout. Que le plus ancien
(III$^e$ siècle) mesurait trente-cinq mètres. L'autre
(IV$^e$ siècle) presque cinquante-quatre. Qu'ils

avaient tous deux le dos soudé à la roche et qu'ils étaient tous deux enduits d'un stuc polychrome. Rouge, jaune, vert, bleu, violet. Qu'ils avaient le visage et les mains recouverts d'or. Qu'au soleil ils brillaient de façon aveuglante, jusqu'à ressembler à d'immenses joyaux. Qu'à l'intérieur des niches (désormais aussi caves que des orbites caves) les parois étaient ornées de plusieurs fresques de facture exquise. Que jusqu'au jour du crime les fresques aussi étaient restées intactes...

Mon cœur se brise parce que envers les œuvres d'art j'ai le même culte que les musulmans ont envers la tombe de Mahomet. Une œuvre d'art est sacrée pour moi comme pour eux est sacrée La Mecque, et plus l'œuvre est ancienne plus elle est sacrée. D'ailleurs, pour moi chaque objet qui vient du Passé est sacré. Un fossile, une poterie, une petite monnaie, un témoignage quelconque de ce que nous avons été et nous avons fait. Le Passé éveille ma curiosité bien plus que le Futur, et je ne me lasserai jamais de soutenir que le Futur est une hypothèse. Une abstraction, une supposition, c'est-à-dire une non-réalité. Tout au plus, un espoir que nous essayons de concrétiser par nos rêves et notre imagination. Le Passé, au contraire, est une certitude. Une chose concrète, une réalité établie, une école sans laquelle on ne survit pas car si on ignore le Passé on ne peut ni comprendre le Présent ni essayer d'influencer le Futur par les rêves et l'imagination. En outre, chaque objet qui vient du Passé est précieux parce qu'il porte en lui-même une illusion d'éternité. Parce qu'il représente une victoire sur le Temps qui ronge et abîme et détruit, qui tue. C'est-à-dire, parce qu'il constitue une défaite de la Mort. Et comme les Pyramides, comme le Parthénon, comme le Colisée, comme une belle église ou une belle synagogue ou une belle mosquée ou un bel arbre millénaire, par exemple un séquoia de la Sierra Nevada, les deux Bouddhas de Bamyan me donnaient cela. Mais ces fils de putain, ces Wakil Motawakil, me les ont détruits. Ils me les ont tués.

Mon cœur se brise aussi à cause de la manière dont ils me les ont tués. À cause de la froideur et en même temps de la complaisance avec lesquelles ils ont accompli le crime. Car ils ne les ont pas détruits dans un moment de folie, dans une crise de démence soudaine et passagère : ce que la loi appelle « incapacité d'entendre et de vouloir ». Ils n'ont pas agi de façon irrationnelle comme les maoïstes chinois qui en 1951 détruisirent Lhasa, envahirent les monastères et le palais du Dalaï-Lama, comme des buffles désenchaînés firent disparaître les

vestiges d'une civilisation. Les parchemins millénaires. Les millénaires autels. Les millénaires
vêtements avec lesquels ils firent des costumes de
théâtre. (Les Bouddhas d'or ou d'argent ils les
fondirent pour en obtenir des lingots : que la
honte les étouffe ad saecula saeculorum amen.)
Le crime de Lhasa, tu vois, ne fut pas précédé
par un procès. Il ne fut pas perpétré à la suite
d'une sentence. Il n'eut pas les caractéristiques
d'une exécution décidée selon des règles ou
pseudo-règles juridiques. Et il se déroula à l'insu
du monde entier, sans que personne puisse
essayer de l'empêcher ou l'arrêter. Pour les
Bouddhas de Bamyan, au contraire, il y eut un
véritable procès. Une véritable sentence puis une
exécution décidée selon des règles ou pseudo-
règles juridiques. Un crime prémédité, donc. Et
perpétré sous les yeux du monde entier qui pour
l'empêcher s'était mis à genoux avec l'Onu,
l'Unesco, l'Union Européenne, les pays limi-
trophes, c'est-à-dire la Russie et l'Inde et la Thaï-
lande et même la Chine qui avait sur la
conscience le péché de Lhasa... « Nous vous en
supplions, Messieurs les Talibans, ne faites pas
ça. Les vestiges archéologiques font partie du
patrimoine universel et les deux Bouddhas de
Bamyan ne dérangent personne... » Mais cela ne
servit à rien, et te souviens-tu du verdict de la

Cour Suprême du Tribunal Islamique de Kaboul ? « Toutes les statues préislamiques seront abattues. Tous les symboles préislamiques et les idoles condamnées par le Prophète seront supprimés... » Il fut émis le 26 février 2001 (non 1001) : le même jour où ils autorisèrent les pendaisons dans les stades et retirèrent aux femmes leurs derniers droits. (Le droit de rire. Le droit de porter des chaussures à talons hauts. Le droit de chanter. Le droit de vivre sans rideaux noirs aux fenêtres.) Te souviens-tu des sévices que les deux Bouddhas subirent immédiatement après ? Les mitraillages sur le visage, le nez qui sautait, le menton qui éclatait, la joue qui partait. Te souviens-tu de la déclaration faite par le ministre Qadratullah Jamal ? « Puisque nous craignons que les grenades et les obus de canon et les quinze tonnes d'explosifs placés aux pieds des deux idoles ne suffisent pas, nous avons demandé l'aide d'un expert en démolition ainsi que celle d'un pays ami. Et puisque la tête et les jambes ont déjà été abattues, nous estimons que la sentence peut être achevée en trois jours. » (Par expert-en-démolition il faut comprendre, je crois, Oussama Ben Laden. Par pays-ami, le Pakistan.) Enfin, te souviens-tu de l'exécution à proprement parler ? Ces deux explosions sèches. Ces deux nuages gras, épais... Tels les nuages qui six mois plus tard se lèveraient des Tours à New York. Et je pensai à mon ami Kundun.

* * *

Eh, oui : en 1968 j'interviewai un homme extraordinaire. L'homme le plus pacifique, le plus tendre, le plus sage, que j'aie connu dans ma vie sans illusions : l'actuel Dalaï-Lama, celui que les bouddhistes appellent le Bouddha Vivant. Il avait trente-trois ans, alors, pas beaucoup moins que moi. Et depuis neuf ans il était un souverain détrôné, un pape ou plutôt un dieu en exil. En tant que tel il vivait à Dharamsala, petite ville au pied de l'Himalaya où le gouvernement indien lui avait offert l'asile, en même temps qu'à quelques douzaines de moines et quelques centaines de Tibétains enfuis de Lhasa. Ce fut une rencontre longue et inoubliable. Tantôt buvant du thé dans le joli chalet construit au pied des montagnes blanches et des glaciers effilés comme des poignards, tantôt marchant dans le jardin parfumé de roses, on resta ensemble une journée entière. Lui, répondant à mes questions. Moi, écoutant sa voix fraîche et aiguë. Oh ! Il l'avait compris au premier regard, mon jeune dieu, que j'étais une femme sans rois et sans papes et sans dieux. Ses yeux en amande que des

verres cerclés d'or rendaient encore plus péné-
trants m'avaient bien observée, au début. Pourtant il me tint une journée entière, et dans sa
libéralité infinie il me traita comme une vieille
amie ou mieux une femme à courtiser. Pour cette
raison, je crois, vers midi il fit une chose très
bizarre. Et que je n'ai jamais racontée. Sous le
prétexte de la chaleur il alla se changer et au lieu
du châle précieux qu'il portait sur sa tunique
orange de moine il mit un T-shirt avec l'image de
Popeye. Oui, Popeye. Le personnage de bandes
dessinées, celui qui a toujours la pipe à la bouche
et mange toujours des épinards en boîte. Et
lorsque éclatant de rire je lui demandai où il avait
trouvé un tel vêtement, pourquoi il l'avait mis,
il répondit séraphique : « Je l'ai trouvé au marché de New Delhi. Et je l'ai mis pour vous faire
plaisir. »

Il me donna une belle interview. Il me
parla de son enfance sans insouciance et sans joie,
par exemple. Une enfance passée entre les
savants et les livres, de sorte qu'à six ans il étu-
diait déjà le sanskrit et l'astrologie et la littérature. À dix ans, la dialectique et la métaphysique
et l'astronomie. À douze, l'art de commander et
de gouverner. Il me parla de son adolescence
sans bonheur et sans découvertes. Une adolescence passée à essayer de devenir un moine par-

fait, dominer les tentations et les désirs, de sorte
que pour éteindre les unes et les autres il se rendait dans le jardin et cultivait des choux géants.
« Un mètre de diamètre, eh ? » Il me parla de son
amour pour la mécanique et l'électricité, il me
confessa que s'il avait pu choisir un métier il
serait devenu mécanicien ou électricien... « À
Lhasa, j'aimais régler le groupe électrogène,
démonter et remonter les moteurs. Dans le
garage du palais, j'avais découvert trois vieilles
automobiles reçues en cadeau par mon prédéces-
seur, le treizième Dalaï-Lama. Deux Austin Baby
de 1927, une bleu ciel et une jaune, et une Dodge
orange de 1931. Elles étaient toutes rouillées.
Mais je réussis à les faire marcher et même à
les conduire. Malheureusement je ne pouvais
conduire que dans la cour du palais : à Lhasa il
n'y avait que des chemins muletiers et des sen-
tiers. » Il me parla aussi de Mao Tsé-toung qui
pour son dix-huitième anniversaire l'avait invité
en Chine et qui, séduit par son intelligence,
l'avait gardé onze mois à Pékin. « J'y restai en
espérant que cela pourrait sauver le Tibet, et au
contraire... Mais qui sait : peut-être le voulait-il
vraiment, et quelqu'un l'en a-t-il empêché. Pauvre
Mao... Vous savez, il y avait quelque chose de
triste dans Mao. Quelque chose d'attendrissant.
Il portait toujours des chaussures sales, il fumait

cigarette sur cigarette, et il ne bavardait que de marxisme. Mais il ne disait jamais de bêtises. » Enfin il me parla des atrocités que les maoïstes avaient faites au Tibet. Les monastères saccagés et brûlés, les moines torturés et égorgés, les paysans chassés de leurs champs et massacrés, et la fuite à laquelle il avait été contraint. La fuite d'un monarque de vingt-quatre ans qui déguisé en soldat se glisse dans la nuit, se mélange à la foule terrorisée, rejoint la périphérie de Lhasa. Là il saute sur un cheval et pourchassé par un avion chinois volant à basse altitude il galope pendant deux semaines. Il se cache dans les grottes puis il galope, il se tapit dans les buissons puis il galope, et de village en village il parvient au Cachemire où le pandit Nehru lui offre l'asile. Mais il est désormais un roi sans royaume, un pape sans Église, un dieu sans fidèles. Et puisque la plupart des Tibétains sont désormais éparpillés dans l'Inde et le Népal et le Sikkim, on se demande si à sa mort il sera possible de rechercher son successeur. Selon toute probabilité il est le dernier Dalaï-Lama. À ce moment-là j'interrompis son récit. Croyant que la haine dévorait son cœur, je m'exclamai : « Sainteté, est-il possible de pardonner à nos ennemis ? » Il me regarda ébahi. Surpris, incrédule, peut-être blessé, mais surtout ébahi. Et avec une voix pleine de passion, convic-

tion, sincérité, il répondit : « Des ennemis ?
Ennemis ? ! ? Moi je ne les ai jamais considérés
comme des ennemis ! Moi je n'ai pas d'ennemis !
Un bouddhiste n'a pas d'ennemis ! »

À Dharamsala j'étais arrivée du Vietnam
où je suivais la guerre, vois-tu. Et cette année-là au
Vietnam j'avais vécu sur ma peau l'offensive du
Têt, l'offensive de Mai, le siège de Khe Shan, la
bataille de Hué... Je venais d'un monde où le mot
ennemi-enemy-ennemi était prononcé chaque
seconde, faisait partie de notre vie. C'était un son
comme le son de notre souffle, je veux dire...
Ainsi en écoutant les paroles moi-je-n'ai-pas-
d'ennemis, je-ne-les-ai-jamais-considérés-comme-
des-ennemis, je tombai presque amoureuse de ce
jeune moine aux yeux en amande et au T-shirt de
Popeye. En le quittant je lui donnai mes numéros
de téléphone, chose que déjà en ce temps-là je ne
faisais jamais, et je lui dis : « Si vous venez à Florence ou à New York, Sainteté, appelez-moi. »
Invitation à laquelle il répondit : « Bien sûr ! Mais
à condition que vous ne m'appeliez plus Sainteté.
Mon nom est Kundun. » Puis je ne le revis plus,
sauf à la télévision où je notai qu'il vieillissait
comme moi, et je perdis le contact. Un jour des
amis me transmirent son salut, le-Dalaï-Lama-
nous-a-demandé-de-tes-nouvelles, et je réagis par
le silence. Nos vies avaient pris des routes si dif-

férentes, tu vois, si éloignées... Pourtant, au cours de ces trente-trois années je n'ai jamais oublié les paroles du jeune moine qui m'avait si émue. Je me suis renseignée mieux sur sa religion et j'ai découvert que contrairement aux musulmans qui prêchent l'œil-pour-œil-et-dent-pour-dent, contrairement aux chrétiens qui parlent toujours de pardon et ont inventé l'Enfer, les bouddhistes n'emploient jamais le mot « ennemi ». Je me suis également aperçue qu'ils n'ont jamais fait de prosélytisme par la violence, qu'ils n'ont jamais envahi de territoires sous le prétexte religieux, et que l'idée de Guerre Sainte leur est totalement inconnue. Certains contradicteurs me répondent que non : le bouddhisme n'est pas une religion pacifique. Et pour appuyer leur thèse prennent l'exemple des moines guerriers japonais. Un exemple admissible car dans chaque famille il existe quelqu'un qui a mauvais caractère. Toutefois même ces contradicteurs reconnaissent que le mauvais caractère des moines guerriers japonais n'était jamais employé pour convertir les gens, conquérir les pays : il était toujours employé dans un but de défense. Ils reconnaissent que l'histoire du bouddhisme ne compte pas de féroces Saladin ni de papes comme Léon IX, Urbain II, Innocent II, Pie II, Jules II. Ils admettent qu'elle n'offre pas le cas d'un Dalaï-Lama combattant son prochain à la tête d'une armée, brûlant les villages, détruisant les villes. Et pourtant les fils d'Allah persécutent aussi les bouddhistes. Ils font sauter leurs statues, ils les empêchent de pratiquer leur religion. Donc je demande : à qui le tour, maintenant que les Boudd-has de Bamyan ont été pulvérisés comme les gratte-ciel de New York ? Est-elle dirigée seule-ment contre les chrétiens et les Juifs, contre l'Occident, l'avidité des fils d'Allah ? Ou selon la promesse d'Oussama Ben Laden vise-t-elle à sou-mettre le monde entier ?

La question demeure même si Oussama Ben Laden se convertit au bouddhisme et si les Talibans deviennent libéraux. Car Oussama Ben Laden et les Talibans (je ne me lasserai jamais de le répéter) ne sont que la manifestation la plus récente d'une réalité qui existe depuis mille quatre cents ans. Une réalité sur laquelle l'Occident ferme inexplicablement les yeux. Eh, oui, mon cher... Il y a vingt ans, c'est-à-dire bien avant l'apparition d'Oussama Ben Laden et des Talibans, je les ai vus les fils d'Allah au travail. Je les ai vus détruire les églises, je les ai vus brûler les crucifix, je les ai vus souiller les statues de la Vierge, je les ai vus pisser sur les autels, transformer les autels en chiottes. Je les ai vus à Beyrouth. Cette Beyrouth qui était si belle et qui maintenant, par leur faute, n'existe pratiquement plus. Cette Beyrouth où ils avaient été accueillis par les Libanais comme les Tibétains avaient été accueillis par les Indiens à Dharamsala et où peu à peu ils s'étaient emparés du pays. Sous le patronage de Monsieur Arafat, qui aujourd'hui joue la victime et renie son passé de terroriste, ils avaient érigé un État dans l'État. Relis les journaux, si tu as la mémoire courte comme lui, relis aussi mon *Inchallah*. C'est un roman, oui, mais un roman construit sur une réalité historique que tous ont vécue et dont des centaines de journalistes ont témoigné puis racontée dans toutes les langues. On n'efface pas l'Histoire. On peut la falsifier comme le Big Brother fait dans le roman d'Orwell, on peut l'oublier ou l'ignorer : mais on ne peut pas l'effacer. Et à propos de la prétendue gauche qui semble avoir la mémoire plus courte encore qu'Arafat, personne ne rappelle ce que Marx et Lénine disaient ? Ils disaient : « La religion est l'opium du peuple. » Personne ne rappelle que tous les pays islamiques sont dominés par un régime théocratique, que d'une manière ou d'une autre chacun d'eux est une copie ou aspire à être une copie de l'Afghanistan et de l'Iran ? Bon Dieu, il n'y a pas un seul pays islamique qui soit gouverné de façon démocratique ou du moins laïque ! Pas un seul ! Même ceux qui souffrent d'une dictature militaire comme l'Irak et la Libye et le Pakistan, même ceux qui sont tyrannisés par une monarchie rétrograde comme l'Arabie Saoudite et le Yémen, même ceux qui sont gouvernés par une monarchie plus raisonnable comme la Jordanie et le Maroc, n'ignorent pas le joug d'une religion qui règle tous les moments de leur journée et tous les aspects de leur vie ! Mais alors pourquoi ces gauchistes oublieux ou faussement oublieux jacassent-ils autant contre les sionistes d'Israël ? Pourquoi et de quel droit condamnent-ils les sionistes qui portent le chapeau noir et la barbe et les frisettes de la Dame aux camélias ? ! ? Ce droit m'appartient à moi qui suis laïque et qui frémis même en écoutant les mots État-Théocratique : il n'appartient pas à ces girouettes devenues plus bigotes qu'un curé de campagne ! Mes yeux dans vos yeux, Cigales de luxe et non de luxe : où finit-il votre claironné laïcisme ? La tolérance religieuse, premier pivot de chaque liberté civile, n'annule certainement pas le laïcisme ! Au contraire, c'est le laïcisme qui la garantit. Oui ou non ? ! ? Et, cela dit, passons au sujet qui m'embête le plus.

\* \* \*

Moi, je ne vais pas planter des tentes à La Mecque. Je ne vais pas chanter le Notre Père et l'Ave Maria devant la tombe de Mahomet. Je ne vais pas faire pipi sur les marbres de leurs mosquées. Encore moins caca. Moi, lorsque je me trouve dans leurs pays (expérience dont je ne tire jamais aucun plaisir) je n'oublie jamais que je suis une étrangère et que je suis leur hôte. Je prends soin de ne pas les offenser avec des habits ou gestes ou comportements qui sont pour nous normaux et pour eux inconcevables. Je les traite avec respect, avec courtoisie, je m'excuse si par mégarde ou ignorance j'enfreins certaines de leurs règles ou superstitions. Et tandis que l'image des gratte-ciel détruits se mêle à celle des Bouddhas exécutés je vois aussi celle (pas apocalyptique mais pour moi symbolique) de la grande tente avec laquelle il y a trois mois et demi des musulmans somaliens (pays très lié à Ben Laden, la Somalie, t'en souviens-tu?) défigurèrent et souillèrent et outragèrent la piazza del Duomo de Florence. Ma ville.

Une tente pour blâmer condamner insulter le gouvernement italien qui était alors de gauche mais hésitait à renouveler les passeports dont ces Somaliens avaient besoin pour s'ébattre en Europe et faire venir les hordes de leurs parents. Les mères, les pères, les frères, les sœurs, les oncles, les tantes, les cousins, les cousines, les belles-sœurs enceintes et si possible les parents de parents. Une tente installée devant le beau palais de l'Archevêché sur le parvis duquel ils alignaient les sandales ou les babouches que dans leurs pays ils alignent autour des mosquées. Et près des sandales ou babouches, les bouteilles d'eau minérale avec lesquelles ils se lavaient les pieds au moment de la prière. Une tente installée en face de Santa Maria del Fiore, la cathédrale réalisée par Brunelleschi, et à côté du Baptistère. Le millénaire Baptistère avec ses portes d'or sculptées par Ghiberti. Une tente, enfin, aménagée comme un appartement. Des chaises, des chaises longues, des petites tables, des matelas pour dormir et baiser, des fourneaux pour cuire la nourriture, empester la place avec la fumée puante. Et, grâce à un générateur électrique, alimentée en électricité. Grâce à une radio toujours allumée, enrichie par les braillements d'un muezzin qui ponctuellement exhortait les fidèles et blâmait les infidèles et étouffait avec sa voix le son des cloches. Pour accompagner tout ça, les dégoûtantes traces d'urine qui profanaient les marbres du Baptistère. (Parbleu ! Ils ont la giclée bien longue, ces fils d'Allah ! Mais comment faisaient-ils pour atteindre une cible située à presque deux mètres de la barrière de protection ?) En plus de cela, les miasmes nauséabonds des excréments déposés à l'entrée de San Salvatore al Vescovo : l'exquise église romane

(IXᵉ siècle) qui se trouve derrière la piazza del Duomo et que ces barbares avaient transformée en chiottes. Tu le sais bien.

Tu le sais parce que c'est moi qui t'appelai et je te priai d'en parler dans ton journal, t'en souviens-tu ? J'appelai aussi le maire de Florence qui, je le reconnais, se rendit gentiment chez moi. Il m'écouta, il me donna raison. « Vous avez raison, hélas, vraiment raison... » Mais il ne fit rien pour enlever la tente. Il oublia ou bien il n'en eut pas le courage. J'appelai aussi le ministre des Affaires Étrangères qui était florentin, un de ces Florentins qui parlent avec un accent très florentin, et personnellement impliqué dans l'affaire des passeports à renouveler. Et lui aussi, je l'admets, m'écouta. « Oui. Vous avez tout à fait raison, oui. » Mais, comme le maire, il ne fit rien pour enlever la tente. Il n'osa pas. Alors je changeai de tactique. Je m'adressai au policier chargé de la sécurité municipale et je lui dis : « Cher policier, moi je ne suis pas un homme politique. Lorsque je dis que je vais faire une chose, je la fais. Donc si d'ici demain vous n'enlevez pas la foutue tente, je la brûle. Je jure sur mon honneur que je la brûle, que même un régiment de carabiniers ne réussira pas à m'en empêcher. Et pour ça je veux être arrêtée, menée en prison avec les menottes aux poignets. Ainsi je serai sur tous les journaux et les journaux télé, Oriana-Fallaci-arrêtée-dans-sa-ville-pour-avoir-protégé-sa-ville, et tout le monde vous crachera dessus. » Moins sot que les autres, ou peut-être sensible à la petite gloire que cela lui vaudrait, le policier obéit. Et à l'emplacement de la tente il resta seulement une énorme tache d'ordures : la trace du bivouac qui avait duré trois mois et demi. Mais ce fut une victoire à la Pyrrhus. Elle fut telle parce que grâce au ministre des Affaires Étrangères les passeports des Somaliens furent renouvelés. Les permis de séjour, accordés. Et parce que les pères, les mères, les frères, les sœurs, les oncles, les tantes, les cousins, les cousines, les belles-sœurs enceintes (qui entre-temps avaient accouché) se trouvent maintenant où ils voulaient être. C'est-à-dire, à Florence et dans les autres villes d'Europe. Elle le fut, enfin, parce que la disparition de la tente n'effaça pas les autres laideurs qui depuis des années blessent et humilient l'ancienne capitale de l'art et de la culture et de la beauté. Elle ne découragea pas les autres envahisseurs de la ville. Les Albanais, les Soudanais, les Pakistanais, les Tunisiens, les Algériens, les Marocains, les Nigérians, les Bengalis. C'est-à-dire les trafiquants de drogue (péché pas condamné par le Coran, à ce qu'il semble) qui nous persécutent sous les yeux d'une police impuissante. Les bandits (en général albanais) qui nous assaillent dans nos maisons pendant le sommeil. (Et gare à toi si tu réponds à leurs coups de revolver par un coup de revolver : « Raciste ! Raciste ! ») Les prostituées malades du sida ou de la syphilis qui frappent ou assassinent la vieille religieuse dévouée à les sauver. Les vendeurs fixes et ambulants qui défigurent et souillent les rues, les ponts, les monuments...

Je dis cela parce que les vendeurs occupent surtout le centre historique, c'est-à-dire les endroits les plus précieux et glorieux. Les arcades des Uffizi, par exemple. Le secteur de la cathédrale et de la Tour de Giotto où ils continuent à uriner. Le Ponte Vecchio où ils bloquent l'entrée des bijouteries et souvent se frappent à coups de couteau. La merveilleuse esplanade Michelangelo et les Lungarni où ils ont demandé et obtenu un financement de la Mairie. (À quel titre on ne sait pas, vu qu'ils ne paient pas les taxes.) Ils occupent aussi les trottoirs des musées et des bibliothèques, les escaliers des vieux palais, les parvis des églises centenaires. La basilique de San Lorenzo, par exemple, où n'en déplaise à Allah ils aiment se soûler et lancer des obscénités aux femmes. (L'été dernier, sur ce parvis, ils en lancèrent même à moi qui suis une ancienne dame. Et pas besoin de souligner que mal leur en prit. L'un d'eux est encore en train de pleurer sur ses testicules.) Oui, sous prétexte de vendre leur foutue marchandise, ils sont tous là. Et par « marchandise », on entend les sacs et les valises copiés sur les modèles de marque protégée, donc illégaux. On entend les affiches, les cartes postales, les statuettes africaines que les touristes ignorants achètent en les prenant pour des sculptures de Cellini ou de Bernini. Et quelle arrogance ! Quelle effronterie ! « Je connais mes droits » me cria en français un Nigérian que j'avais surpris sur le Ponte Vecchio à proposer de la drogue et auquel j'avais lancé un moi-je-te-fais-arrêter-et-expulser-de-mon-pays, brutto-figlio-di-puttana. Le même « Je-Connais-Mes-Droits » crié deux années auparavant par un jeune Africain qui m'avait empoigné un sein et qui s'était pris mon habituel coup de pied dans les testicules. (Désormais seule arme dont une femme dispose pour exercer ses droits de citoyenne.) Et ça ne suffit pas. Car non contents de se comporter en maîtres ils réclament toujours des mosquées : eux qui dans leurs propres pays ne nous laissent pas construire la moindre petite chapelle et à la première occasion égorgent les missionnaires, déflorent les bonnes sœurs. Et gare à celui qui se permet de protester. Gare à celui qui ose leur répondre tes-droits-tu-vas-les-réclamer-chez-toi.

« Raciste ! Raciste ! » Gare au piéton qui, bloqué par la foutue marchandise empêchant le passage, frôle la prétendue sculpture de Cellini ou Bernini. « Raciste ! Raciste ! » Gare à l'agent de police qui s'approche et hasarde : « Monsieur le fils d'Allah, Excellence, auriez-vous l'amabilité de vous déplacer d'un cheveu pour laisser un peu de passage ? » Ils le mordent comme des chiens. Ils le dévorent tout cru. Au minimum, ils insultent sa mère et ses enfants. Et les gens se taisent résignés, intimidés, neutralisés par le chantage du mot « raciste ». Ils se taisent même si on leur hurle ce que mon père leur hurlait pendant le fascisme : « N'avez-vous pas une once de dignité, espèces de moutons ?!? N'avez-vous pas une goutte d'amour-propre, espèces de lapins, bande de lâches ?!? »

Ça se passe aussi dans les autres villes, tu le sais bien. Ça se passe à Turin, par exemple. Cette Turin qui fit l'Italie et qui aujourd'hui ne semble même pas être une ville italienne. On dirait Dacca, Nairobi, Damas, Beyrouth. Ça se passe à Venise. Cette Venise où les pigeons de la place Saint-Marc ont été remplacés par des types que même Othello (mais Othello était un grand seigneur) jetterait dans la mer. Ça se passe à Gênes. Cette Gênes où les extraordinaires palais qui déchaînaient l'admiration de Rubens ont été réquisitionnés par les fils d'Allah et, souillés décrépis réduits à des masures, meurent comme de belles femmes violées par une horde de sangliers. Ça se passe à Rome. Cette Rome où dans l'espoir d'en obtenir le vote futur la politique de tous les cynismes et toutes les saloperies leur fait de l'œil. Et où, en rêvant de faire un voyage à Kaboul ou à Islamabad, je suppose, Saint Père les protège. (Sainteté, pourquoi au nom du Dieu Unique ne les prenez-vous pas au Vatican ? Tous. Bandits, vendeurs, prostituées, trafiquants de drogue, terroristes. À condition qu'ils ne chient pas dans la Chapelle Sixtine et sur les statues de Michelangelo et sur les tableaux de Raffaello, bien sûr.) Bah ! Maintenant c'est moi qui ne comprends pas. En Italie on les appelle travailleurs-étrangers. Ou bien main-d'œuvre-dont-nous-avons-besoin. Et sur le fait que des fils d'Allah travaillent il n'y a pas de doute. Comme les autres Européens, les Italiens sont devenus de tels Muscadins. Ils vont en vacances aux Seychelles, ils passent Noël à Paris. Ils ont une baby-sitter anglaise et une domestique « de couleur », ils refusent d'être ouvriers ou paysans. Ils veulent être tous des grands bourgeois, entrepreneurs, professeurs, et on ne peut plus les associer au prolétariat. Il faut donc trouver des gens qui travaillent pour eux. Mais ceux dont j'ai parlé quel genre de travailleurs sont-ils ? Quel travail font-ils ? De quelle façon suppléent-ils à une main-d'œuvre que l'ex-prolétariat italien ne fournit plus ? En bivouaquant dans les villes avec le prétexte de vendre la « marchandise » et la drogue et les prostituées ? En flânant et en défigurant nos monuments ? En se soûlant sur le parvis des églises, en disant des obscénités aux anciennes dames, en leur empoignant un sein, Je-Connais-Mes-Droits ? Il y a aussi une autre chose que je ne comprends pas. S'ils sont si pauvres, si besogneux, qui leur donne l'argent pour se payer le voyage en bateau ou en canot pneumatique jusqu'à l'Italie ? Qui est-ce qui leur donne les dix millions de lires par tête (le tarif minimal tourne autour de dix millions par tête) donc les cinquante millions pour une famille de cinq personnes, une somme qui suffit seulement si tu viens de la très proche Albanie ? Est-ce les Oussama Ben Laden dans le but d'exporter les terroristes d'Al Qaeda ? Est-ce les princes saoudiens dans le but d'étendre leur territoire comme leurs ancêtres le firent en Espagne et au Portugal ? Je ne crois pas à un phénomène naturel, spontané, innocent. Ils sont trop malins, trop organisés, ces travailleurs étrangers. Et en plus ils font trop d'enfants. Les Italiens ne font plus d'enfants, les imbéciles. Les autres Européens, à peu près

pareil. Les fils d'Allah, au contraire, se multiplient comme les rats. Il y a du louche dans cette
affaire. Et ceux qui le prennent à la légère
ou avec optimisme se trompent. Ceux qui
comparent cette vague migratoire avec la vague
migratoire qui s'abattit sur les États-Unis dans la
seconde moitié du XIXᵉ siècle puis au début du
XXᵉ siècle se trompent également. Je vais te dire
pourquoi.

* * *

Un soir j'ai eu l'occasion d'entendre la
boutade d'un des dix mille présidents du Conseil
dont l'Italie a eu le malheur de s'honorer dans les
quarante dernières années. « Parbleu, mon oncle
aussi était un émigrant ! Je me rappelle bien mon
oncle partant avec sa valise en fibre pour l'Amérique ! » Eh non, monsieur ex-président du
Conseil : non. Ce n'est pas la même chose. Et cela
pour deux raisons assez simples que vous ignorez
ou que par convenance et mauvaise foi vous fei-
gnez d'ignorer. L'une est qu'au cours de la
seconde moitié du XIXᵉ siècle l'afflux des immi-
grants aux États-Unis ne se déroula pas de façon
clandestine et avec l'arrogance de vos protégés.
Ce furent les Américains eux-mêmes qui le solli-
citèrent par un acte du Congrès. Venez-venez,

nous-avons-la place. Si-vous-venez, nous-vous-offrons-un-beau-morceau-de-terre. Ou quelque chose de ce genre. (Récemment les Américains en ont même fait un film. Celui où les malheureux courent et meurent pour planter un petit drapeau sur le morceau de terre qui leur appartiendra.) En Italie, que je sache, il n'y a jamais eu un acte du Parlement invitant ou sollicitant les fils d'Allah à quitter leur pays. Venez-venez, chers-fils-d'Allah. Si-vous-venez, nous-vous-assignons-une-ferme-dans-le-Chianti-ou-dans-la-Valpadana. Ils sont venus et continuent à venir de leur propre initiative : avec leurs maudits bateaux, leurs maudits canots pneumatiques, et malgré les militaires qui dans le passé protégeaient les côtes. (Maintenant, non. Ils ne protègent rien. Selon les dispositions de nos gouvernements sans couilles, ils se laissent investir par les hordes avec une résignation écœurante. Ils les aident à débarquer, ils les accompagnent aux centres d'accueil, ils supportent leurs violences, et au lieu de militaires ils ressemblent à des concierges d'hôtel aux prises avec des clients difficiles.) Plutôt qu'une migration il s'agit donc d'une invasion conduite sous le signe de l'effronterie. Une effronterie doublement irritante parce que encouragée par la faiblesse ou l'hypocrisie des politiciens qui pour suivre la mode du Politically Correct ferment les yeux...

147

Moi je n'oublierai jamais les rassemblements des clandestins qui l'été passé remplissaient les places d'Italie pour obtenir les permis de séjour. Ces visages grimaçants, méchants, hostiles. Ces poings levés, belliqueux, anxieux de frapper ceux qui les supportaient dans leur pays. Ces voix enrouées, chargées de haine, bestiales, qui me rappelaient le Téhéran de Khomeiny. Je ne les oublierai jamais car, outre le fait d'être insultée par leur manque de gratitude, je me sentais bafouée par les ministres qui disaient : « Nous voudrions les expulser, mais nous ne savons pas où ils se cachent. » Menteurs ! Hypocrites ! Filous ! Il y en avait des milliers sur ces places, et ils ne se cachaient pas du tout. Pour les expulser il aurait suffi de les mettre en rang, les conduire jusqu'à un port ou un aéroport, et les renvoyer dans leurs pays.

L'autre raison, mon cher ex-président du Conseil et neveu de l'oncle avec la valise en fibre, est si claire que même un enfant de l'école élémentaire la comprendrait. Mais pour vous faciliter la tâche, je vous offre quelques éléments. Numéro Un : l'Amérique est un continent. Et au cours de la seconde moitié du XIX$^e$ siècle, c'est-à-dire lorsque le Congrès américain déclencha l'immigration, ce continent était en grande partie dépeuplé. Le gros de la population se trouvait dans les régions de l'Est, c'est-à-dire dans les États situés le long de l'océan Atlantique, et dans le Midwest c'est-à-dire dans les régions centrales il n'y avait que les tribus de Peaux-Rouges ayant survécu aux guerres indiennes et quelques familles de pionniers. Dans le Far West, il y avait encore moins d'habitants. En fait la course au Far West venait à peine de commencer, et ce qu'aujourd'hui on appelle Californie était presque vide. L'Italie, monsieur, n'est pas un continent. C'est un pays assez petit et pas du tout dépeuplé : presque cinquante-huit millions d'habitants (sans compter nos hôtes) sur 301 245 kilomètres carrés... Numéro Deux : l'Amérique est un pays très jeune. Si on se souvient que sa Guerre d'Indépendance se déroula à la fin du XVIIIe siècle, on en déduit qu'elle a environ deux cents ans, et on comprend pourquoi son identité culturelle n'est pas encore définie. L'Italie, en revanche, est un très vieux pays. Son histoire a commencé il y a pratiquement trois mille ans. Son identité culturelle est très précise, et trêve de bavardages : depuis deux mille ans, cette identité se plonge dans une religion qui s'appelle Religion Chrétienne et dans une Église qui s'appelle l'Église Catholique. Les gens comme moi ont beau dire moi-je-n'ai-rien-à-voir-avec-l'Église-Catholique. Que je le veuille ou pas, j'y ai beaucoup à voir. Comment pourrait-il en être autrement ? Je suis née dans un paysage d'églises, de couvents, de

Christ, de Vierge Marie, de Saints. La première musique que j'ai écoutée en venant au monde a été le son des cloches. Les cloches de Santa Maria del Fiore, celles qu'à l'époque-de-la-tente les braillements du muezzin étouffaient. C'est dans cette musique et dans ce paysage que j'ai grandi. C'est grâce à cette musique et à ce paysage que j'ai appris ce qu'est l'architecture, ce qu'est la sculpture, ce qu'est la peinture, ce qu'est l'art, ce qu'est la connaissance, ce qu'est la beauté. C'est grâce à cette Église (vite réfutée mais inévitablement restée en moi) que j'ai commencé à me demander ce que c'est que le Bien, ce que c'est que le Mal, si Dieu existe ou n'existe pas, et pardieu...

Vu ? J'ai écrit un mot composé sur la parole Dieu. Malgré tout mon laïcisme, mon athéisme, je suis tellement trempée de culture catholique qu'elle appartient même à ma façon de parler, de m'exprimer. « Par Dieu, au nom de Dieu, mon Dieu, pour l'amour de Dieu, doux Jésus, Sainte Vierge, Christ ici et Christ là. » Quand je parle et j'écris ces mots fleurissent si naturellement que je ne m'aperçois même pas que je les prononce ou les mets sur le papier. Et disons la vérité jusqu'au fond : bien que je n'aie jamais pardonné au catholicisme les infamies qu'il m'a imposées en commençant par l'Inquisition qui au

XVIᵉ siècle me brûla une grand-mère, pauvre grand-mère, bien que je n'aime pas les prêtres et leurs prières, la musique des cloches me plaît tellement. Elle me caresse le cœur. Les tableaux avec les images du Christ et de la Vierge et des Saints me plaisent aussi : en effet je collectionne les icônes et ma maison est pleine d'icônes. Les monastères et les couvents me plaisent aussi. En les regardant j'éprouve une profonde sensation de paix et souvent j'envie ceux qui y vivent. D'ailleurs, soyons honnêtes : les cathédrales que le catholicisme nous a laissées sont belles. À mon avis, plus belles que les mosquées et les synagogues. Elles sont belles aussi les petites églises de campagne. Plus belles que les temples protestants. Le cimetière de ma famille est un cimetière protestant. Il accueille les morts de n'importe quelle religion, mais c'est un cimetière protestant. Et une de mes arrière-grands-mères était vaudoise, une de mes grands-tantes était évangélique. L'arrière-grand-mère vaudoise je ne l'ai pas connue. Elle mourut jeune. La grand-tante évangélique, oui. Lorsque j'étais enfant elle m'emmenait toujours aux rites religieux de son temple en via de Benci à Florence, et... Dieu que je m'ennuyais ! Je me sentais tellement seule parmi ces fidèles qui chantaient les Psaumes et c'est tout, devant ce prêtre qui n'était pas un prêtre et s'appelait pasteur et ne

lisait rien d'autre que la Bible. Je me sentais tellement triste dans cette église qui ne me semblait
pas être une église et qui à part une chaire minuscule n'avait qu'un grand crucifix sans le Christ.
Pas de Christ, pas de Vierge, pas de Saints, pas
d'anges, pas de chandelles, pas d'encens... Même
la puanteur de l'encens me manquait, et j'aurais
voulu me trouver dans la proche basilique de
Santa Croce où ces objets existaient en abon-
dance. Les objets, les oripeaux, auxquels j'étais
habituée. Et j'ajoute : dans le jardin de ma maison
de campagne, en Toscane, il y a une minuscule
chapelle. Elle est toujours fermée. Depuis la mort
de ma mère, personne n'y va. Parfois, pourtant, je
m'y rends pour l'épousseter un peu, m'assurer que
les rats n'y ont pas fait de nid, et malgré mon éducation laïque là-dedans je me sens à mon aise. Malgré mon côté bouffe-curé, là-dedans je me meus
avec désinvolture, et je crois que beaucoup d'Italiens te diraient la même chose. (À moi elle fut dite
par le leader communiste Enrico Berlinguer.)
Sainte Vierge ! (Revoilà...) Je suis en train d'expliquer que nous Italiens et nous Européens nous
ne sommes pas comme les Américains : récente
mosaïque de groupes ethniques et religieux,
mélange élastique de langues et de religions et de
cultures, tout à la fois ouverts aux invasions et
capables de les repousser. Je suis en train de dire

que, exactement parce qu'elle est très précise et bien définie depuis des siècles, notre identité culturelle ne peut pas supporter une immigration composée de personnes qui d'une façon ou d'une autre veulent changer notre système de vie. Nos principes, nos valeurs. Je suis en train de dire que chez nous il n'y a pas de place pour les muezzins, les minarets, les faux abstèmes, le foutu tchador, l'encore plus foutu bourkah. Et même s'il y avait de la place, je ne la leur donnerais pas. Car cela équivaudrait à jeter par la fenêtre Dante Alighieri, Leonardo da Vinci, Michelangelo, Raffaello, la Renaissance, le Siècle des Lumières, le Risorgimento, la Liberté que nous avons bien ou mal conquise, la Démocratie que nous avons bien ou mal instaurée, le Bien-Être que nous avons indubitablement gagné. Cela équivaudrait à leur faire cadeau de nos patries. Dans mon cas, l'Italie. Et moi l'Italie je ne la leur donne pas.

Ce qui nous conduit au point que je veux éclaircir une fois pour toutes. Ouvre donc tes oreilles.

\* \* \*

Moi je suis italienne. Ils ont tort ceux qui me croient désormais américaine. Moi je n'ai jamais demandé la citoyenneté américaine.

Lorsqu'un ambassadeur américain me l'offrit sur le Celebrity Status, je le remerciai et je répondis à peu près en ces termes : « Sir, je suis très attachée aux États-Unis. Je me dispute toujours avec eux, je les critique, je leur fais des reproches, souvent je les condamne, et plusieurs choses dans votre pays me dérangent. Son trop fréquent oubli des nobles principes sur lesquels il naquit c'est-à-dire les principes formulés par les Pères Fondateurs, pour commencer. Son culte enfantin de l'opulence, son gaspillage de la richesse. Son inévitable jactance économique et militaire. La même que la France et l'Angleterre avaient aux temps de leur puissance. Et aussi le souvenir d'une plaie aujourd'hui bien guérie mais durée trop longtemps : la plaie appelée esclavage... Aussi certaines lacunes de connaissance parce que sa connaissance est superbe sur le plan scientifique, technologique, mais non sur le plan philosophique et historique et artistique. Aussi certaines exhibitions de sexe, de violence, de brutalité auxquelles il nous a habitués par exemple à travers son cinéma, aussi certaines vulgarités dues à la Plèbe Rachetée mais souvent pas éduquée... Cependant j'y suis très attachée. Oui. Profondément attachée. Les États-Unis sont pour moi un amant ou mieux un mari dont je connais tous les défauts et toutes les fautes, mais auquel je resterai toujours fidèle. (À condition qu'il ne me trompe pas : que ce soit clair). Car je tiens à cet amant, à ce mari. Il m'est sympathique. J'admire son génie, son courage, son optimisme. Je loue la confiance qu'il a en lui-même et dans le futur, la déférence dont il fait preuve envers les misérables. J'apprécie la patience infinie avec laquelle il supporte les insultes, les calomnies, les mesquineries. Et bien sûr je respecte son succès sans précédent, c'est-à-dire le fait qu'en moins de deux siècles il soit parvenu à être le premier de la classe. Le modèle dont tous s'inspirent, auquel tous demandent ou attendent du secours, que tous envient, que tous jalousent. Je le respecte et je n'oublie jamais que si ce mari n'avait pas fait et gagné la guerre contre Hitler et Mussolini, aujourd'hui je parlerais allemand. S'il n'avait pas tenu tête à l'Union Soviétique aujourd'hui je parlerais russe. En outre je ne sous-estime jamais son indiscutable générosité. Le fait, par exemple, que lorsque j'arrive à New York et présente mon passeport avec le certificat de résidence, le douanier me dit en souriant : " Welcome home. Bienvenue chez vous. " Cela me semble un geste si galant, si affectueux. Il me rappelle que l'Amérique a toujours été l'asile, l'orphelinat, des gens sans patrie. Mais la patrie moi je l'ai, monsieur l'ambassadeur. Ma Patrie est l'Italie et l'Italie est ma mère. J'aime ma mère, et en prenant la citoyenneté américaine il me semblerait renier ma mère. » Je lui dis aussi que ma langue est l'italien, que j'écris en italien, et qu'en anglais je me traduis seulement, tout comme je me traduis en français. C'est-à-dire, en le traitant comme une langue étrangère. Familière, d'accord, néanmoins étrangère. Enfin je lui dis que lorsque j'entends l'hymne de Mameli, je m'émeus. Qu'en entendant ce Fratelli-d'Italia, l'Italia-s'è-desta, parapà-parapà-parapà, ma gorge se noue. Se ferme. Je ne me rends même pas compte que, comme hymne, il n'est pas beau et qu'il est toujours mal joué. Je pense seulement : c'est l'hymne de ma Patrie.

D'ailleurs, je m'émeus également en voyant le drapeau blanc et rouge et vert. Le drapeau italien. (S'il n'est pas brandi par les voyous des stades, bien sûr.) Tu sais, moi je possède un drapeau blanc et rouge et vert du XIX$^e$ siècle. Tout couvert de taches, taches de sang je crois, et rongé par les mites. Et quoiqu'il porte l'insigne de la monarchie, la monarchie des Savoie (mais sans le roi Victor-Emmanuel II, sans Cavour qui sous cet insigne travailla et mourut, sans Garibaldi qui devant cet insigne s'inclina, l'Unité de l'Italie nous ne l'aurions jamais faite), je le garde comme un trésor. Pardieu, nous sommes morts pour ce drapeau couvert de taches et rongé par les mites ! Pendus, fusillés, décapités. Tués par les

Autrichiens, par les papes, par le duc de Modène, par les Bourbons, par les Français de Napoléon ! Nous avons fait le Risorgimento, avec ce drapeau-là. Nous avons fait les Guerres d'Indépendance, nous avons fait l'Unité de l'Italie. Et Christ ! Personne ne se souvient de ce qu'a été notre Risorgimento ? ! ? Il a été le réveil d'une fierté perdue durant les siècles d'invasions et d'humiliation. Il a été la renaissance de nos consciences, de notre amour-propre, de notre dignité piétinée par les étrangers. Personne ne se souvient de ce qu'ont été nos Guerres d'Indépendance ? ! ? Elles ont été bien plus que ce que fut la Guerre d'Indépendance pour les Américains ! Parce que les Américains n'avaient qu'un seul ennemi, un seul patron à combattre : l'Angleterre. Nous, au contraire, nous avions tous ceux que le Congrès de Vienne s'était amusé à restaurer après nous avoir dépecés une énième fois comme un poulet rôti ! Personne ne se souvient de ce qu'a été l'Unité de l'Italie, les fleuves de sang qu'elle nous a coûtés ? ! ? Lorsqu'ils fêtent leur victoire sur l'Angleterre et brandissent leur drapeau et chantent « God bless America », les Américains mettent leur droite sur leur cœur, pardieu ! Sur leur cœur ! Et nous ne fêtons rien, la droite nous ne la mettons nulle part. Pire : s'ils pouvaient, certains salauds la mettraient je ne te dis pas où !

Nous avons également fait la Première Guerre Mondiale et la Résistance, avec ce drapeau. Et ici permets-moi un acte d'orgueil. Parce que pour ce drapeau mon arrière-arrière-grand-père maternel Giobatta combattit en 1849 à Curtatone et Montanara, fut horriblement défiguré par une fusée autrichienne. Et dix ans après, les Autrichiens l'enfermèrent dans une prison de Livourne, leurs sbires croates le torturèrent, à coups de bâton le rendirent boiteux, estropié : vrai. Mais pour ce drapeau, de 1915 jusqu'à 1917, mes oncles paternels subirent les horreurs de la tranchée. Le gaz, le froid, la faim, la décimation, les assauts à la baïonnette... Pour ce drapeau en 1944 mon père fut arrêté par les nazifascistes et torturé encore plus que Giobatta. Pour ce drapeau toute ma famille participa à la Résistance, démontra que tous n'étaient pas des lâches. Et moi aussi. Dans les rangs de Giustizia e Libertà, corps des Volontaires de la Liberté. Nom de bataille, Emilia. J'avais quatorze ans. Et lorsque, la guerre finie, le corps des Volontaires de la Liberté fut annexé à l'Armée italienne, l'Armée italienne me congédia en tant que simple soldat, je me sentis si fière. Pardieu ! J'avais combattu pour mon pays, pour défendre mon pays j'avais été un soldat. Elle était si grande, cette fierté, que j'hésitai longtemps avant d'accepter les 15 670 lires avec lesquelles le ministère de la Défense congédiait les simples soldats. Il ne me semblait pas correct d'être payée pour avoir fait mon devoir envers la Patrie. Puis je les acceptai. Nous étions pratiquement sans chaussures, dans la famille. Et avec les 15 670 lires j'achetai des chaussures pour moi et pour mes petites sœurs. (Mon père et ma mère, non. Ils n'en voulurent pas.)

*   *   *

Naturellement, ma patrie, mon Italie, n'est pas l'Italie d'aujourd'hui. L'Italie fêtarde, finaude, donc vulgaire, des Italiens qui (comme tous les Européens, entendons-nous bien) n'ont d'autre objectif que la retraite à cinquante ans et se passionnent seulement pour les vacances à l'étranger ou les matches de football. L'Italie mesquine, stupide, donc lâche, des petites hyènes qui pour serrer la main à une star de Hollywood vendraient leur fille dans un bordel de Beyrouth mais après l'apocalypse new-yorkaise ricanent bien-les-Américains-ça-leur-va-bien. (Ici aussi, comme toutes les petites hyènes d'Europe, entendons-nous bien. Mais de l'Europe nous en parlerons après.) L'Italie opportuniste, funambulesque, donc pusillanime, des partis politiques qui ne savent ni gagner ni perdre mais savent coller les derrières de leurs représentants au fauteuil de Député ou de Maire ou de Ministre. L'Italie encore mussolinienne des fascistes noirs et rouges qui te rappellent la terrible phrase d'Ennio Flaiano : « En Italie les fascistes se divisent en deux catégories : les fascistes et les antifascistes. » L'Italie, enfin, des Italiens qui avec le même enthousiasme crient Vive-le-Roi et Vive-la-République, Vive-Mussolini et Vive-Staline, Vive-Quoi-Qu'il-arrive : France-ou-Espagne-pourvu-qu'on-mange. (Le célèbre proverbe né au XVI$^e$ siècle, lorsque les Espagnols chassèrent de Rome les Français et y établirent leur hégémonie.) Les Italiens qui avec la désinvolture la plus impudente passent d'un parti à l'autre, se font élire par un parti et une fois devenus Onorevoli c'est-à-dire Honorables (en Italie les députés sont appelés Honorables) passent au parti adverse, ils obtiennent le siège ministériel du parti adverse. En bref, l'Italie des girouettes.

Parbleu, que je les déteste, moi, les girouettes ! Que je les méprise ! D'accord : les girouettes ne sont pas une spécialité italienne, une invention italienne Cette suprématie appartient à la France. Même le mot surgit en France. Au Moyen Âge en France il avait déjà une signification politique et soyons précis : depuis la

Révolution française et le Directoire et le Consulat et l'Empire et la Restauration, aucun pays au monde n'a exposé une collection aussi riche de girouettes. (Pense à leur exemple-suprême, celui que Napoléon définissait « une merde dans un bas de soie », je veux dire Talleyrand. Pense à Napoléon même qui dans sa jeunesse léchait les bottes de Marat et de Robespierre, « Marat et Robespierre, voilà mes dieux ». Et qui malgré un tel début se fit empereur, distribua les trônes d'Europe entre ses frères et ses sœurs et ses amis... Pense à Barras et Tallien et Fouché. Les commissaires de la Terreur. Les responsables des massacres perpétrés par la Révolution à Lyon et Toulon et Bordeaux. Les misérables qui après avoir trahi et éliminé Robespierre se mirent à forniquer avec les aristocrates survivants et le premier inventa Napoléon, le deuxième... le suivit en Égypte, le troisième le servit jusqu'au bout. Pense à Jean-Baptiste Bernadotte qui devenu roi de Suède s'allia avec le Tsar et en appliquant les tactiques napoléoniennes en 1813 décida du sort de la bataille de Leipzig. Pense à Joachim Murat qui l'année suivante s'allia avec les Autrichiens contre son beau-frère et bienfaiteur, contre l'homme duquel il avait reçu en cadeau le royaume de Naples.) Et n'oublions pas qu'en 1815 ce furent les Français, pas les Italiens, qui compilèrent l'étonnant et délicieux *Dictionnaire des Girouettes*. Un livre qu'ils continuent à rééditer, mis à jour, sans aucune difficulté car à travers les siècles la liste s'est allongée d'une façon charmante (Pétain inclus). Et ne dis pas que cela devrait me consoler, me confirmer que j'ai raison à lier nos péchés aux péchés des autres Européens. Car je te réponds : à chacun ses larmes, oui, mais zut ! S'il y a un pays au monde qui apprit immédiatement la leçon française, ce pays c'est l'Italie. Pense au girouettisme avec lequel entre 1799 et 1814 les maires toscans sautèrent du grand-duc Ferdinand de Hasbourg-Lorraine à Napoléon, de Napoléon au grand-duc, du grand-duc encore à Napoléon. Pense à la poésie satirique « Il brindisi dei girella » (« En l'honneur des girouettes ») avec laquelle en 1848 Giuseppe Giusti souffleta nos modestes « exemples » et introduisit le mot « girella ». C'est-à-dire la version toscane de girouette... Pourtant, pourtant, en Italie le girouettisme n'a jamais atteint le niveau où il triomphe aujourd'hui. Et sais-tu quel est le côté le plus terrible, le plus triste, de cette histoire ? C'est que, étant accoutumés à cette maladie, les Italiens ne se scandalisent plus. Au contraire, ils s'étonnent lorsque certains restent fidèles à leurs idéaux ou idées... Il y a quelque temps il m'arriva de raconter à un prédicateur de démocratie qu'en faisant des recherches dans les archives nationales pour trouver certains documents sur ma famille j'avais eu une confirmation touchante : vraiment, et soit du côté de ma mère soit du côté de mon père, personne n'avait été inscrit au Parti fasciste. Le seul fasciste avait été le mari d'une tante que toute la famille avait reniée. Pauvre tante. Hors-d'ici, hors-d'ici, dévergondée. Toi-qui-nous-as-remplis-de-honte- en-tombant-amoureuse-d'une-Chemise-Noire-et-en-l'épousant. Je lui racontai, oui, et sais-tu ce que le prédicateur de démocratie me répondit ? « Ça veut dire qu'ils vivaient sur la Lune ! » Des paroles auxquelles je réagis avec un cri d'indignation : « Non, Monsieur, ils vivaient sur cette Terre, c'est-à-dire dans leurs consciences ! » Mais si j'énumère toutes les Italies qui ne sont pas mon Italie, que je n'aime pas, qui me font souffrir, je n'en finirai jamais. Et tu as sûrement remarqué que par amour de la patrie je n'ai pas parlé de l'Italie avec laquelle j'aurais dû commencer. L'Italie crapuleuse, avilissante, révol-tante, de la mafia. Un sujet que je ne réussis même pas à aborder...

Bon. En écartant ce sujet-là, je veux essayer tout de même. Et voilà. L'Italie, d'abord, des anciens communistes qui pendant quarante ans (mais je devrais dire cinquante puisqu'ils commencèrent quand j'étais très jeune) ont couvert mon âme de bleus. Avec leur arrogance, leur suffisance, leur présomption, leur terrorisme intellectuel. Le même terrorisme intellectuel qu'ils exerçaient sur quiconque ne pensait pas à leur manière. De sorte que quiconque ne professait pas leur religion était considéré comme un réactionnaire, un idiot, un troglodyte, et en plus un serviteur des Américains. (Écrit Amérikains.) Ces mollahs d'hier, ces prêtres rouges qui me traitaient comme une Infidèle à La Mecque (mon Dieu, combien de prêtres et de mollahs j'ai dû supporter dans ma vie), mais qui après la Chute du mur de Berlin changèrent immédiatement de ton. Égarés comme des poussins qui ne peuvent plus se réfugier sous les ailes de la mère poule, c'est-à-dire de l'Union Soviétique, ils improvisèrent un acte de contrition. Effrayés comme des curés qui craignent de perdre leur paroisse, et avec la paroisse les privilèges qui en dérivent, avec ces privilèges l'espoir de devenir archevêques ou bien cardinaux, ils choisirent le rôle de libéraux. Ils commencèrent même à donner des leçons de libéralisme. Ainsi, aujourd'hui ils aiment être appelés bonistes, c'est-à-dire partisans du bonisme · le bizarre substantif qui dans leur esprit signifie bienveillance, indulgence, clémence, mansuétude, courtoisie, jovialité, charité. (Est-ce que la même chose se passe dans les pays d'Europe où le rouge est devenu rose puis blanc, ou bien en France, en Espagne, au Portugal, en Allemagne, en Hollande, en Hongrie, etcetera ? Sûrement oui.) Ils aiment aussi donner à leur parti et aux partis de leurs alliés des noms à caractere floral ou végétal. Le Chêne, l'Olivier, la Marguerite, de façon qu'aujourd'hui les vrais libéraux comme moi nourrissent une profonde antipathie à l'encontre des chênes et des marguerites et des oliviers. Pour quelque temps ils ont utilisé même l'image de l'âne, un animal habitué à braire pas à symboliser l'intelligence, et au lieu d'aller à Moscou pour visiter le mausolée de Lénine aujourd'hui ils viennent à New York pour acheter les chemises chez Brooks Brothers ou les draps chez Bloomingdale. Puis ils tiennent des congrès à l'ombre d'une devise américaine, d'un verbe qui évoque la réclame d'un détersif. « *I care* ». Et tant pis si les ouvriers qui brandissaient les fleuves de drapeaux rouges, les océans de drapeaux rouges, ne connaissent pas l'anglais. Tant pis si mon menuisier qui est un vieux et honnête communiste florentin ne comprend pas ce que *I care* signifie. Il lit *Icare*, il croit que cela se réfère au jeune Grec qui voulait voler comme les oiseaux mais en volant ses ailes de cire fondirent au soleil et pouf : il s'écrasa au sol, il se tua. Tant pis si tout confus il me demande : « Sora Fallaci, ma icchè c'entra Icharo ? ! ? M'dame Fallaci, mais qu'est-ce qu'il a à voir, Icare, là-dedans ? ! ? » Tant pis si je dois lui expliquer que *I care* ne veut pas dire Icare : il s'agit d'un verbe, d'une devise américaine qui veut dire cela me concerne. Car alors il se fâche. « Vorrei sapere chi l'è qui' bischero che l'ha inventato questa bischerata ! Je voudrais bien savoir quel est le con qui a inventé cette connerie ! » Pour le moment, ils ne m'accusent même pas d'être une réactionnaire, pas une idiote, une troglodyte etcetera. (Mais bientôt, grâce à ce livre, ils le feront de nouveau.) Parfois ils disent même les choses que je disais lorsqu'ils m'accusaient d'être réactionnaire, idiote, troglodyte, etcetera. Et leur quotidien ne me dédie pas (mais bientôt il le fera de nouveau) les insultes, les méchancetés gratuites, les viles calomnies que pendant quarante ou mieux cin quante ans il me dédiait dans son incivile rubrique « Le crétin du jour » ensuite devenue « Le doigt dans l'œil ». Leurs hebdomadaires non plus. (Parenthèse : après mon voyage à Hanoi c'est-à-dire lorsque je risquais ma vie au Vietnam, une journaliste communiste de l'hebdomadaire communiste *Nous Femmes* me consacra une série d'articles venimeux, et sais-tu pourquoi ? Parce que j'avais écrit qu'au Nord-Vietnam le gouvernement d'Hô Chi Minh asservissait le peuple même dans ses besoins naturels. C'est-à-dire, en l'obligeant à uriner et déféquer séparément afin d'utiliser comme engrais les excréments non mélangés à l'urine. En outre il persécutait d'une façon tellement féroce les patriotes non communistes qu'un jour un vieux Vietminh de Diên Biên Phu s'était mis à pleurer sur mon épaule comme un enfant. « Madame, madame, vous ne savez pas comment nous sommes traités ici... » Et sais-tu quel titre cette dame avait donné à la série d'articles, un titre qui chaque fois s'étendait sur les deux pages du journal ? « Mademoiselle Snob va au Vietnam. » Parenthèse fermée.) Non, pour le moment ils ne font plus certaines choses. Et tous en Italie ont oublié qu'ils me les ont faites. Mais moi je n'ai pas oublié, et chargée de rancœur je pose la question suivante : « Qui me rend ces quarante ou cinquante ans de bleus sur mon âme malmenée, sur mon honneur outragé ? » Quelques mois avant l'apocalypse de New York je le dis à un ex-communiste qui avait appartenu à l'ancienne Fédération de la Jeunesse communiste italienne. Le Bureau de Placement (comme je l'appelle) dont sont sortis tous les ministres et Premiers ministres et maires de gauche qui affligèrent ou continuent à affliger mon pays. Je lui ai rappelé que le fascisme n'est pas une idéologie, c'est un comportement, et je lui ai demandé : « Qui me les rend ces années ? » Puisque à présent il joue au libéral, au vrai progressiste, j'attendais la réponse suivante : « Personne ne te les rend, ma chère. Et au nom de mon ex-parti je te demande pardon. » Mais au contraire il haussa les épaules et ricana : « Porte plainte, va au Tribunal ! » Des mots dont je déduis que, comme on dit en Toscane, le loup perd son poil pas ses vices. Et grâce auxquels je répète que leur Italie n'est pas, ne sera jamais, mon Italie.

\* \* \*

Elle n'est même pas l'Italie de leurs adversaires : disons-le clair et net. Moi je ne vote pas pour leurs adversaires, et il va de soi que depuis une éternité je ne vote pour personne. Confiteor, hélas, auquel je me contrains avec malaise et angoisse. Car le non-vote est bien sûr un vote : un vote légal et légitime, un vote pour dire allez-tous-en-Enfer. Mais c'est aussi le vote le plus triste, le plus déprimant, le plus déchirant, qu'il puisse exister : le vote du citoyen qui ne se reconnaît en personne, qui ne se fie à personne, qui ne sait pas par qui se faire représenter, et qui par conséquent se sent abandonné frustré seul. Seul comme moi. Moi je souffre tellement quand il y a des élections en Italie. Je fume une cigarette sur l'autre, je lâche des jurons, je me répète : Christ, nous sommes morts pour recouvrer la liberté qui nous permet de voter ! Nos compagnons se sont fait torturer fusiller éliminer dans les camps de concentration, pour que nous recouvrions le droit de vote. Et moi je ne vote pas ! Je souffre, oui. Et je maudis ma rigueur, mon intransigeance, mon orgueil. J'envie ceux qui sont capables de s'adapter, se plier, parvenir à un compromis et voter pour un candidat qui semble moins pire que les autres. (Lorsqu'il y a un référendum, en revanche, je vote sans hésitation. Car dans un référendum je ne dois pas choisir parmi des candidats en lesquels je ne me reconnais pas, par lesquels je refuse d'être représentée : le processus démocratique, en ce cas, se déroule sans intermédiaires. « Veux-tu la monarchie ? » « Non. » « Veux-tu la république ? » « Oui. » « Veux-tu les chasseurs qui tuent les petits oiseaux autour de ta maison ? » « Pardieu, non. » « Veux-tu cette loi qui protège ta vie privée ? » « Pardieu, oui. ») Et, cela dit, laisse-moi faire un petit laïus au leader de ces adversaires. Le Premier ministre qu'on appelle Cavaliere.

Petit laïus. Monsieur le Cavaliere, je sais bien qu'en lisant ce que je viens d'écrire sur les ex-communistes vous jubilez comme une épouse heureuse. Mais ne soyez pas impatient : il y en a pour vous aussi. Je vous ai fait attendre aussi longtemps, je vous ai tenu aussi longtemps sur des charbons ardents, pour la seule raison que vous ne faites pas partie de mes quarante années ou plus de bleus. C'est-à-dire parce que vous n'appartenez pas à un passé qui me brûle. En outre je ne vous connais pas, je ne vous comprends pas aussi bien que ceux-là. Vous êtes un novice, Monsieur, une nouveauté. Au moment même où je ne voulais plus entendre parler de politique (un mot sacré pour moi, si vous ne l'avez pas encore compris), vous avez fait votre entrée en politique. Tout à coup, à l'improviste. Je veux dire : Vous êtes sorti du néant comme certaines plantes qui soudainement apparaissent dans un potager et qu'on regarde avec incertitude, en se demandant : « Qu'est-ce que c'est que ça ? Une raiponce ? Une ortie ? » Depuis lors je vous observe avec curiosité et perplexité, sans pouvoir décider si vous êtes une raiponce ou une ortie mais en pensant que si vous êtes une raiponce vous n'êtes pas une grande raiponce, si vous êtes une ortie vous n'êtes pas une grande ortie. D'ailleurs vous donnez l'impression de nourrir le même doute, de ne pas vous prendre au sérieux. Avec votre bouche (avec vos yeux beaucoup moins ou pas du tout) vous riez trop.

Vous riez comme si vous saviez que votre succès en politique est le fruit d'un coup de chance singulier et immérité : une plaisanterie de l'Histoire, une bizarre aventure de votre vie pleine d'aventures. Et cela dit permettez-moi (j'imite votre langage soigné, voyez-vous) d'exposer ce qui dans la raiponce ou l'ortie ne me plaît pas.

Bien : il ne me plaît pas votre substantiel manque de goût et de perspicacité, pour commencer. Le fait, par exemple, que vous teniez tant à être appelé Cavaliere. Ce n'est pas du tout un titre exceptionnel et important, je vous l'assure : l'Italie produit plus de cavalieri et commendatori que de girouettes et malotrus. Pensez qu'une fois, dans ce tas, un président de la République voulait même mettre la soussignée. Pour l'en dissuader je dus lui dire que s'il osait faire une chose pareille je l'aurais poursuivi en diffamation. Néanmoins vous le portez avec grande complaisance, comme s'il s'agissait d'une médaille d'or ou d'un blason aristocratique. Et puisque Mussolini s'en décorait aussi, puisque au contraire de lui vous tenez à la Liberté, le vôtre me semble être une erreur politique. Il me semble aussi une erreur comique. Et un chef de gouvernement ne peut pas se permettre des erreurs comiques. En se les permettant, il ridiculise son pays. Ensuite il ne me plaît pas votre manque de tact, Monsieur, et la légèreté avec laquelle vous avez choisi le nom de votre parti. Un nom qui évoque le chahut avec lequel les mordus de football nous assourdissent durant les rencontres internationales. Et cela me peine autant que les méchancetés des communistes dans le passé. Peut-être plus encore parce que cette fois-ci le bleu ne m'est pas infligé à moi, il est infligé à la Patrie. Monsieur, vous n'avez aucun droit d'utiliser le nom de la Patrie pour désigner votre parti : la Patrie est la patrie de tous, même de vos opposants et de vos ennemis. Vous n'avez aucun droit d'identifier l'Italie avec la foule des maudits stades. Pour cet abus, mon arrière-arrière-grand-père Giobatta vous aurait défié en duel en brandissant son épée de Curtatone et Montanara. Mes oncles, en empoignant les baïonnettes du Karst. Mon père vous aurait cassé le nez et ma mère vous aurait arraché les yeux. Quant à moi, chaque fois que j'entends ce « Force-Italie » qui fait penser à une rencontre internationale de football, le sang me monte à la tête. Mais qui vous l'a suggéré ? Un de vos domestiques, un de vos chauffeurs ?

Et puis, je n'aime pas le manque de sérieux que vous démontrez avec votre manie de raconter des blagues. Moi je déteste les blagues, bon Dieu que je déteste les blagues, et je pense qu'un chef du gouvernement ne doit pas raconter de blagues. Monsieur, savez-vous ce que signifie le mot Politique? Savez-vous d'où il vient? Il vient du grec πολιτικη et il signifie Science de l'État. Il signifie Art de Gouverner, Art d'Administrer le Destin d'une Nation. Trouvez-vous que ce terme s'accorde avec les blagues? Quand j'écoute les vôtres, je me désespère et je me dis : «Pardieu! Il ne comprend pas, cet homme, que les Italiens l'ont élu par désespoir c'est-à-dire parce qu'ils n'en pouvaient plus de ses prédécesseurs? Il ne comprend pas qu'il devrait porter un cierge à la Vierge, se comporter d'une manière convenable, faire quelque chose pour se montrer digne de la chance qui lui est tombée sur la tête?!?» Enfin je n'aime pas certains des alliés que vous avez choisis, Monsieur. Les chemises vertes du séparatiste qui ne sait même pas quelles sont les couleurs du drapeau italien, et les petits-fils des défunts porteurs de la chemise noire. Ces derniers disent n'être plus fascistes et qui sait : peut-être réellement ne le sont-ils pas. Mais moi je me méfie de ceux qui venant du parti communiste jurent n'être plus communistes, donc je me méfie aussi de ceux qui venant d'un parti néo-fasciste jurent n'être plus fascistes. Et maintenant, venons-en au point essentiel.

Vous aurez remarqué, Monsieur, que je ne vous reproche pas votre richesse. Que je ne m'associe pas aux censeurs qui voient dans votre richesse une faute et un obstacle pour gouverner. Moi je crois que refuser à un homme riche le droit de faire de la politique est antidémocratique, démagogique, illégal, et profondément idiot. Et je suis d'accord avec Alekos Panagulis qui, lorsqu'un homme politique ou un chef d'État ou de gouvernement était riche, disait : « Tant mieux ! Ainsi il ne vole pas. Il n'a pas besoin de voler. » D'ailleurs même les Kennedy, bien aimés par la gauche européenne, étaient et sont scandaleusement riches. Moi je ne vous reproche pas non plus le détail de posséder trois chaînes de télévision, et je trouve grotesque le scandale que vos adversaires soulèvent à cet égard. D'abord parce que les deux chaînes à vous pathétiquement dévouées sont mal faites et ne représentent aucun danger. Puis parce que la troisième c'est-à-dire celle qui est bien faite et a beaucoup de succès vous maltraite avec une telle impudence qu'on la dirait une propriété des partis floraux et végétaux. Enfin parce que en Italie, comme dans le reste de l'Europe, vos adversaires ont établi une telle hégémonie sur l'information télévisée et sur la presse, ils ont tellement imposé leur propagande malhonnête et factieuse, en bref ils influencent d'une manière si scandaleuse l'opinion publique, qu'ils feraient bien de fermer leur bec sur le sujet. Non, Monsieur, non : ce n'est pas le point essentiel que je vous ai annoncé : c'est la piètre figure que vous avez faite après l'apocalypse de New York, voilà. J'ai lu que dans la défense de la Culture occidentale vous m'avez précédée : hélas. Que même d'une façon grossière et inadéquate, expéditive, vous avez franchi la ligne d'arrivée avec quelques jours d'avance sur moi. Mais lorsque les Cigales vous ont sauté à la gorge, raciste-raciste, vous avez fait marche arrière. Vous avez parlé ou laissé parler de « gaffe », vous avez humblement présenté vos excuses aux fils d'Allah, vous avez essuyé l'affront de leur refus, vous avez avalé sans réagir les réprimandes hypocrites de vos collègues européens et en particulier la taloche de Blair. Bref, vous avez pris peur. Et cela est impardonnable, Monsieur. Impardonnable. Si à la tête du gouvernement il y avait eu la soussignée, je vous le jure, je les aurais tous bouffés avec ou sans la moutarde et Mister Blair n'aurait pas osé me dire ce qu'il vous a dit. (Do you hear me Mister Blair ? I did praise you and I praise you again for standing up to the Usamas Bin Ladens as no other European leader has done. But if you play the worn-out games of diplomacy and shrewdness, if you separate the Usamas Bin Ladens from the world they belong to, if you declare that our civilization is equal to the one which imposes the chador yet the burkah and forbids to drink a glass of wine, then you are no better than the Italian Cicadas. If you don't defend our culture, my culture and your culture, my Leonardo da Vinci and your Shakespeare, if you don't stand up for it, then you are a Cicada yourself and I ask : why do you choose my Tuscany, my Florence, my Siena, my Pise, my Uffizi, my Tyrrhenian Sea for your Summer vacations ? Why don't you rather choose the empty deserts of Saudi Arabia, the desolate rocks of Afghanistan ? I had a bad feeling when my Prime Minister received your scolding. The feeling that you will not go very far with this war, that you will withdraw as soon as it will no longer serve your political interests.)

À moins que vous ayez pris peur et fait la piètre figure pour une autre raison, Monsieur Cavaliere. C'est-à-dire pour l'amitié dont vous honorez l'odieux individu au kaffieh et aux lunettes noires qui s'appelle Son Altesse Royale le prince Al Walid, membre de la Maison Royale Saoudienne et votre associé en affaires. (Oui, oui : le même dont le maire Giuliani a publiquement et fièrement refusé le chèque de dix millions de dollars par lui offerts à la municipalité de New York après l'apocalypse. « No, thanks. I don't want them. Non, merci. Je n'en veux pas. ») Car, dans ce cas, je dis que le Premier ministre de mon pays ne devrait même pas serrer la main de cette Altesse Royale. Même pas lui murmurer un bonjour. Je dis que votre relation avec cet individu discrédite mon pays et bafoue nos valeurs, nos principes. Je le dis et je vous rappelle que la Maison Royale Saoudienne est accusée par toute la presse et tous les Services Secrets du monde civilisé de financer secrètement le terrorisme islamique. Je vous rappelle que plusieurs membres de cette famille sont actionnaires du Rabita Trust : l'institut de « bienfaisance » que le bien informé Ministère du Trésor américain a placé sur la Liste Noire des organismes bancaires liés à Oussama Ben Laden, et contre lequel George Bush s'est exprimé avec un brûlant dédain. Je vous rappelle que de nombreux princes de cette famille ont un doigt ou deux ou trois ou dix dans la Fondation Muwafaq : l'autre institut-de-bienfaisance qui toujours selon le bien informé Ministère du Trésor américain transfère à l'étranger les fonds dont Ben Laden a besoin pour réaliser ses massacres. Je vous rappelle qu'en Arabie Saoudite les immenses capitaux du dénationalisé Ben Laden n'ont pas encore été bloqués, et qu'en Arabie Saoudite ce n'est pas la Loi qui commande : c'est la Maison Royale. Je vous rappelle que lorsque les Palestiniens nous assassinaient dans les avions et les aéroports, cette Maison Royale finançait régulièrement Arafat, donc le premier responsable de ces assassinats. (Cela me fut confirmé par le ministre du Pétrole d'alors Ahmad Yamani pendant mon séjour à Riyad, et d'ailleurs cette vérité n'était un secret pour personne.) Je vous rappelle qu'en Arabie Saoudite il existe un Ministère de la Religion et que par volonté de la Maison Royale ce ministère est confié aux fondamentalistes les plus extrémistes. Les mêmes par lesquels Ben Laden a été instruit, intoxiqué, arraché aux night-clubs de Beyrouth. Je vous rappelle que ce ministère fait construire dans le monde entier les mosquées où la jeunesse musulmane est recrutée pour la Guerre Sainte. (En Tchétchénie, par exemple. Avec les résultats qu'on connaît.) Je vous le rappelle, et le soupçon que vous ayez renié votre inadéquate défense de la Culture Occidentale par convenance ou par respect envers votre associé m'embête profondément. Il m'embête, il m'enrage, et je conclus : ils ont raison vos adversaires quand ils vous braillent que gouverner un pays n'est pas comme diriger une entreprise industrielle ou posséder une équipe de football. (Vous possédez l'équipe de football nommée Milan, n'est-ce pas ?) Ils ont raison parce qu'un chef de gouvernement doit avoir des qualités que vos prédécesseurs italiens n'ont jamais eues, c'est vrai, et dont vos actuels collègues européens ne font pas preuve, c'est vrai, mais que vous n'avez certainement pas inaugurées. Je parle des qualités qu'avaient par exemple le prince Klemens Wenzel Lothar de Metternich, le comte Camillo Benso de Cavour, Benjamin Disraeli, et au XX$^e$ siècle Winston Churchill, Franklin Delano Roosevelt, Charles De Gaulle. Cohérence, crédibilité, connaissance de l'Histoire présente et passée, style et classe à revendre, et surtout courage. Ou spécialement à propos du courage je demande trop ?

Peut-être, oui : je demande trop. Le fait est que je suis née et j'ai grandi dans une richesse très inhabituelle, Monsieur : la richesse de ceux qui ont été éduqués comme le petit Bobby ou le maire Giuliani... Et pour mieux m'expliquer je change de sujet : je vous raconte une chose sur ma mère. Oh, Monsieur, Monsieur ! Vous ne savez pas qui était ma mère ! Vous ne savez pas ce qu'elle enseigna à ses filles. (Que des sœurs, nous : pas de frères.) Car les gens parlent toujours de mon père, du courage de mon père, jamais un mot sur ma mère, et... Quand au cours du printemps 1944 mon père fut arrêté par les nazi-fascistes, personne ne savait où il avait été conduit. Le quotidien de Florence annonçait seulement qu'ils l'avaient arrêté en tant que criminel vendu aux ennemis. (Par ennemis entendez les Anglo-Américains). Mais ma mère dit : « Je vais le trouver. » Elle se rendit de prison en prison, puis à la Villa Triste, le centre de torture, et là elle réussit à s'introduire dans le bureau du chef. Le capitaine Mario Carità. (En français, Marius Charité). Le capitaine Carità reconnut que mon père était entre ses mains pour « interrogatoire », et d'un air moqueur il ajouta : « Madame, vous pouvez vous habiller en noir. Demain matin, à six heures, votre mari sera fusillé au Parterre. Nous ne perdons pas notre temps dans les procès. » Hé... Voyez-vous, moi je me suis toujours demandé de quelle façon j'aurais réagi à sa place. Et la réponse a toujours été : je ne le sais pas. Mais je sais comment réagit ma mère. L'épisode est connu. Elle resta un instant sans bouger. Immobile, silencieuse, foudroyée. Puis, lentement, elle leva le bras droit. Elle pointa son index contre Mario Carità et d'une voix glaciale, le dévisageant comme s'il était un serviteur mal élevé et qu'on tutoie, elle répondit : « Mario Carità, demain matin à six heures, je ferai ce que tu dis. Je m'habillerai en noir. Mais si tu es né d'un ventre de femme, conseille à ta mère d'en faire autant. Car ton jour est très proche. »

Quant à ce qu'il arriva ensuite, je le raconterai une autre fois. Pour l'instant, il vous suffit de savoir que mon père ne fut pas fusillé, que Mario Carità finit comme ma mère le lui avait prédit, et que votre Italie n'est pas mon Italie. Elle ne le sera jamais.

\* \* \*

Ce n'est pas non plus l'Italie aisée et mollassonne, l'Italie qui par Liberté entend Licence (« Je-fais-ce-que-je-veux »). C'est-à-dire l'Italie qui ignore le concept de discipline ou mieux d'autodiscipline, qui l'ignorant ne le met pas en relation avec le concept de liberté, et par conséquent ne comprend pas que la liberté est aussi discipline ou mieux autodiscipline. L'Italie que sur son lit de mort mon père décrivait comme ça : « En Italie, on parle toujours de Droits et jamais de Devoirs. En Italie, on ignore ou on fait semblant d'ignorer qu'à chaque Droit correspond un Devoir, que celui qui ne fait pas son devoir ne mérite aucun droit. » Et puis, plein d'amertume : « Quel con j'ai été de me fâcher pour les Italiens, de finir en prison pour eux ! » Avec cette Italie, l'Italie pauvre qui en dérive. Pauvre en orgueil, en connaissance, et même en grammaire. L'Italie, par exemple, des célèbres députés et des glorifiés magistrats qui n'ayant jamais étudié ou compris la consecutio temporum (concordance des temps) font les plus monstrueuses erreurs de syntaxe. (On ne dit pas « S'il y a deux ans j'aurais su » : analphabètes ! On dit « S'il y a deux ans j'avais su » ou « s'il y a deux ans j'eusse su ». Bourriques ! Animaux !) L'Italie des maîtres et des maîtresses d'école qui m'adressent des lettres où les fautes de syntaxe se mélangent aux fautes d'orthographe. Ainsi, quand on engage un secrétaire qui a été leur élève, on risque de trouver sur le bureau un message comme celui que j'ai sous les yeux : « Madame, vos amie es hà Chicago »... L'Italie des universitaires qui confondent Mussolini avec Rossellini, le-mari-d'Ingrid-Bergman. (Même cela m'est arrivé. Oui.) D'ailleurs, si on leur demande ce qui se passait à Dachau et à Mauthausen, on risque d'entendre la réponse : « On y fabriquait du savon. » (Même cela m'est arrivé. Oui.) Et par pitié ne mets pas à l'épreuve leur connaissance de l'histoire nationale, ne leur demande pas qui étaient les Carbonari (les Charbonniers). Car ils répondent avec nonchalance : « Des types qui vendaient le charbon, quoi d'autre ? » Par pitié ne leur demande pas qui étaient Silvio Pellico, Federico Confalonieri, le roi Charles-Albert, Pie IX, qui étaient Garibaldi et Mazzini et Cavour, ou bien ce qu'était la « Jeune Italie ». Ils te regardent avec les yeux éteints et la bouche ouverte. Tout au plus, et grâce à un film avec Marlon Brando, se souviennent-ils que Napoléon était un général devenu empereur et marié à une certaine Joséphine. En revanche ils savent se droguer, passer leurs samedis dans les boîtes de nuit, acheter des jeans qui coûtent ce qu'un ouvrier gagne en un mois. Ils savent aussi se faire entretenir jusqu'à trente ans par des parents qui leur donnent le téléphone portable quand ils ont neuf ans, un scooter dernier modèle quand ils ont quatorze ans, une voiture quand ils ont dix-huit ans. De sorte que quand tu veux remplacer le secrétaire de vos-amie-es-hà-Chicago, et en questionnant un candidat de vingt-sept ans tu demandes quel travail il a fait jusqu'à présent, tu risques de recevoir la réponse suivante : « Moi je n'ai jamais travaillé, mais une fois j'ai été instructeur de tennis. Je joue pas mal au tennis. » (Même cela m'est arrivé. Oui.) Ils savent aussi remplir les meetings d'un Pape qui à mon avis a une grande nostalgie du pouvoir temporel donc il les courtise avec une immense habileté, et se baiser tandis qu'il récite ses prières. (Cela je l'ai vu à la télévision.) Ils savent aussi cacher leurs visages sous des cagoules, jouer les guerriers en temps de démocratie c'est-à-dire quand il n'y a pas de capitaines Carità et de pelotons d'exécution : ces révolutionnaires en pantoufles. Ces mollusques, ces héritiers des soixante-huitards qui foutaient le bordel dans les universités et qui aujourd'hui gèrent Wall Street et la Bourse de Milan ou de Paris ou de Londres. Et tout cela me dégoûte intensément parce que la désobéissance civile est une chose sérieuse, non une occasion de s'amuser et faire carrière. Le Bien-Être est une conquête de la civilisation, non une occasion de vivre aux crochets des autres. Moi j'ai commencé à travailler le jour de mes seize ans, à dix-huit ans je me suis acheté une bicyclette et lorsque je suis montée dessus je me suis sentie une reine. Mon père avait commencé à travailler à l'âge de neuf ans. Ma mère, douze. Et sur son lit de mort elle me dit : « Je m'en vais contente car pendant ma vie j'ai vu disparaître plusieurs injustices comme l'injustice de faire travailler les enfants. » Ah ! Elle croyait qu'en ne faisant plus travailler les enfants, le monde deviendrait intelligent. Pauvre maman... Elle croyait qu'avec l'école obligatoire et l'université accessible à tous (une merveille qu'elle n'avait jamais connue) les jeunes apprendraient tout ce qu'elle n'avait pas appris et aurait tant aimé apprendre. Elle croyait avoir gagné, elle croyait que nous avions gagné... Dieu merci elle mourut avant de s'apercevoir combien elle se trompait ! Parce que nous avons perdu, mon cher. Perdu. Au lieu de jeunes citoyens cultivés, au lieu de futurs leaders, nous nous retrouvons avec les bourriques et les mollusques dont j'ai parlé. Et épargne-moi l'habituelle pleurnicherie mais-ils-ne-sont-pas-tous-comme-ça. Il-y-a-aussi-des-bons-étudiants, des-jeunes-hommes-et-jeunes-femmes-de-grande-qualité. Je sais bien qu'il y en a ! Il ne manquerait plus que ça ! Mais ils sont peu. Trop peu. Et ils ne me suffisent pas. Ils ne suffisent pas.

Quant à l'Italie des Cigales avec lesquelles j'ai commencé mon sermon désespéré... Ces Cigales qui demain me haïront plus qu'elles ne m'ont jamais haïe, qui entre une assiette de spaghettis et un bifteck me maudiront plus qu'elles ne m'ont jamais maudite, me souhaiteront de crever tuée par un fils d'Allah. Ces nullités prétentieuses, venimeuses, envieuses, qui avec leurs débats télévisés nous tourmentent plus que les vraies cigales. Cri-cri. Cri-cri. Cri-cri. (Parbleu, comment ils aiment se pavaner à la télévision ! Même s'ils sont des vieillards. Les

185

vieillards, presque plus que les autres. Mais pourquoi ? Ont-ils fait si peu dans leur vie faite de peu ? N'ont-ils tiré aucune sagesse de leurs cheveux blancs et leurs rides ?) Ces créatures pathétiques, parasitiques, inutiles. Ces faux Sans-Culottes qui habillés en idéologues, journalistes, écrivains, théologiens, cardinaux, acteurs, commentateurs, putains à la page, grillons chanteurs, ex-lèche-bottes de Khomeiny et Pol Pot, ne disent que ce qu'on leur dit de dire. Ce qui les aide à entrer ou rester dans le jet-set pseudo-intellectuel, à profiter de ses avantages et de ses privilèges, à gagner de l'argent. Ces insectes qui ont remplacé l'idéologie marxiste par la mode du Politically Correct. La mode ou bien la crasseuse hypocrisie qui au nom de la Fraternité (*sic*) prêche le pacifisme à outrance, répudie même les guerres que nous avons menées contre les nazifascistes d'hier, chante les louanges des envahisseurs et crucifie les défenseurs. La mode ou bien la tromperie qui au nom de l'Humanitarisme (*sic*) absout les délinquants et condamne les victimes, pleure sur les Talibans et crache sur les Américains, pardonne tout aux Palestiniens et rien aux Israéliens. Et qui au fond aimerait revoir les Juifs exterminés dans les camps de Dachau et Mauthausen. La mode ou bien la démagogie qui au nom de l'Égalité (*sic*) nie la qualité et le mérite, la compétition et le succès, donc met sur le même plan une symphonie de Mozart et une monstruosité définie « rap ». La mode ou bien la crétinerie qui au nom de la Justice (*sic*) abolit les mots du vocabulaire et appelle les balayeurs de rues « opérateurs écologiques ». Les bonnes, « collaboratrices familiales ». Les concierges des écoles, « personnel non enseignant ». Les aveugles, « non-voyants ». Les sourds, « non-écoutants ». Et les boiteux (je suppose) « non-marchants ». La mode ou bien la malhonnêteté, l'immoralité, qui définit « tradition locale » ou « culture différente » l'infibulation. C'est-à-dire la féroce pratique par laquelle, pour leur interdire les plaisirs sexuels, de nombreux musulmans enlèvent le clitoris aux jeunes femmes et leur cousent les grandes lèvres de la vulve. (Ils laissent seulement une petite fente qui leur permet d'uriner. Donc imagine la souffrance d'une défloration puis d'un accouchement.) La mode ou bien la farce qui en Italie utilise comme porte-parole un Marocain selon lequel les Occidentaux ont découvert la philosophie grecque à travers les Arabes. Selon lequel la langue arabe est la langue de la Science et depuis le IX$^e$ siècle la plus importante du monde. Selon lequel en écrivant ses *Fables* Jean de La Fontaine ne s'inspira pas d'Ésope : il plagia des contes indiens traduits par un Arabe nommé Ibn al-Muqaffa *.

La mode, enfin, qui permet aux Cigales d'établir un nouveau terrorisme intellectuel. C'est-à-dire, d'exploiter le terme « racisme ». Ils ne savent pas ce qu'il signifie mais ils l'exploitent tout de même et avec une telle impudence qu'il est inutile de leur rapporter l'opinion d'un intellectuel afro-américain dont les ancêtres étaient des esclaves et dont les grands-parents ont connu les horreurs du vrai racisme : « Speaking of racism in relation to a religion is a big disservice to the language and to the intelligence. Parler de racisme par rapport à une religion est rendre un très mauvais service à la langue et à l'intelligence. » Également inutile de les faire raisonner, réfléchir. Car tout au plus ils réagissent comme l'idiot du proverbe cher à Mao Tsétoung : « Lorsqu'on lui indique la Lune du

*Note de l'Auteur. Je me réfère au Marocain qui dans un petit article publié en Italie a écrit que mon manque de sympathie pour l'Islam est dû aux échecs que j'ai eus avec les hommes arabes. (Au point de vue sexuel et sentimental, laisse-t-il entendre.) À ce monsieur je réponds que, Dieu merci, je n'ai jamais eu affaire à un homme arabe. À mon avis il y a quelque chose dans les hommes arabes qui dégoûte les femmes de bon goût. Je lui réponds aussi que sa vulgarité prouve pleinement le mépris que les musulmans vomissent sur les femmes. Un mépris que je lui rends de tout mon cœur.

doigt, l'idiot regarde et voit le doigt, non la Lune. » Et si quelques-uns d'entre eux regardent et voient la Lune, pas le doigt, si dans le secret de leur petit cœur ils pensent exactement comme moi, ça ne sert à rien. Car n'ayant pas les couilles nécessaires pour aller à contre-courant, ils font semblant de voir le doigt... Quant aux Cigales de Luxe, c'est-à-dire aux patrons du jet-set pseudo-intellectuel, elles me rappellent la bande de Barras et Tallien et Fouché, les trois desquels j'ai parlé à propos des girouettes françaises. C'est avec ces gens-là que tu voudrais m'entendre striduler, lorsque tu me reproches d'avoir choisi le silence et d'avoir fermé la porte ? Pardieu, maintenant j'installe des verrous à ma porte fermée ! Je prends un chien mordant et remercie le Ciel si sur les verrous je place un avertissement avec les mots Cave Canem. Attention-au-Chien. Sais-tu pourquoi ? Parce que j'ai appris que plusieurs Cigales de Luxe viendront bientôt à New York. Elles y viendront en vacances, pour visiter la nouvelle Herculanum et la nouvelle Pompéi, c'est-à-dire les deux Tours qui n'existent plus. Elles voyageront en avion de luxe, elles descendront dans un hôtel de luxe (le Waldorf Astoria ou le Four Seasons ou le Plaza où on ne paie jamais moins de six cent cinquante dollars par jour), et après avoir posé leurs valises elles courront regarder les décombres. Avec leurs caméras de luxe elles cinéphoto-graphieront les restes d'acier fondu, elles pren-dront des images à projeter dans les salons de la capitale. Les salons du Politically Correct. Avec leurs chaussures de luxe elles piétineront le café moulu, et sais-tu ce qu'il se passera ensuite ? Elles iront s'acheter les masques à gaz qu'ici on vend à ceux qui craignent une attaque chimique ou bac-tériologique. C'est chic, tu comprends, de rentrer à Rome avec un masque à gaz de ce type. Ça per-met de la ramener, de dire : « J'ai risqué ma vie à New York ! » Ça permet aussi de lancer une nou-velle mode. La mode des Vacances Dangereuses. Après la chute de Robespierre, pardon, de l'Union Soviétique, elles avaient inventé les Vacances Intelligentes. Cette fois elles inventeront les Vacances Dangereuses, et sois-en sûr : les Cigales de-Luxe ou pas de-Luxe des autres pays en feront tout autant. Nous voilà arrivés à l'Europe.

* * *

Chères Cigales françaises, anglaises, alle-mandes, espagnoles, hollandaises, hongroises, scan-dinaves, etcetera etcetera amen : ne vous réjouissez pas trop des injures dont j'ai couvert les Italies qui ne sont pas mon Italie. Comme je l'ai indiqué en disant à-chacun-ses-larmes, vos pays ne valent pas mieux que le mien. Dans neuf cas sur dix, ils en sont l'effrayante copie. Presque tout ce que j'ai pleuré sur le mien vaut aussi pour les vôtres, et si j'avais été française ou anglaise ou allemande ou espagnole etcetera etcetera amen j'aurais écrit à peu près les mêmes choses. En ce sens nous appartenons véritablement à une grande famille... Identiques les fautes, les lâchetés, les hypocrisies. Identiques les aveuglements, les petitesses, les misères. Identiques les leaders de gauche et de droite, l'arrogance de ceux qui les soutiennent, l'habitude de girouetter et d'exercer le terrorisme intellectuel, la démagogie. Pour s'en convaincre, il suffit de jeter un coup d'œil sur le Club Financier qu'on appelle Union Européenne et dont on ne comprend pas à quoi il sert sauf à voler le parmesan et le gorgonzola des Italiens, à rémunérer ses députés avec des salaires excessifs, à nous compliquer la vie avec la Monnaie Unique, à nous emmerder avec les bêtises populistes... Par exemple, la bêtise de supprimer soixante-dix races canines (tous-les-chiens-sont-égaux, comme l'anthropologue Ida Magli a bien commenté) et celle d'uniformiser les fauteuils des avions. (Tous-les-culs-sont-égaux). Cette Union Européenne qui parle anglais et français, jamais italien ou norvégien ou flamand ou autre langue, et qui est gérée par la sempiternelle troïka France-Angleterre-Allemagne. (Bon Dieu ! Elles se détestent depuis des siècles, la France et l'Angleterre et l'Allemagne, mais elles finissent toujours par commander ensemble.) Cette Union Européenne moelleuse. Cette Europe clownesque et stupide qui fornique avec les pays arabes et qui pour empocher leurs pétrodollars parle d'« Identité Culturelle » avec le Moyen-Orient... (Que veut dire Identité Culturelle avec le Moyen-Orient, race d'idiots, espèces de balourds ? Où est l'Identité Culturelle avec le Moyen-Orient, race de filous ? ! ? À La Mecque ? À Bethléem, à Damas, à Beyrouth ? Au Caire, à Téhéran, à Bagdad, à Kaboul ? ! ?) Cette Union Européenne ratée. Cette Europe insignifiante et décevante, cet insuccès douloureux auquel l'Italie sacrifie sa belle langue et son identité nationale... Quand j'étais très jeune, dix-sept ou dix-huit ans, je rêvais tellement de l'Europe ! Je sortais d'une guerre où les Italiens et les Français, les Italiens et les Anglais, les Italiens et les Grecs, les Italiens et les Allemands, les Allemands et les Français, les Allemands et les Anglais, les Allemands et les Polonais et les Hollandais et les Danois etcetera etcetera, s'étaient tués entre eux : t'en souviens-tu ? La foutue Seconde Guerre Mondiale... Plongé jusqu'au cou dans la nouvelle lutte, mon père prêchait le Fédéralisme Européen : le mirage de Carlo et Nello Rosselli. Il tenait des comices, il parlait au peuple, il criait : « L'Europe, l'Europe ! Il faut faire l'Europe ! » Et pleine d'enthousiasme moi je le suivais comme je l'avais suivi quand il criait Liberté-Liberté. Avec la paix je commençais à connaître ceux qui avaient été mes ennemis et en voyant les Allemands sans uniforme, sans mitrailleur, sans canons je me disais : « Ils sont comme nous. Ils s'habillent comme nous, ils mangent comme nous, ils rient comme nous, ils aiment la peinture et la sculpture et la littérature et la musique comme nous, ils prient ou ils ne prient pas comme moi : est-il possible qu'ils nous aient fait tant de mal, terrorisés et arrêtés et torturés et tués ? » Puis je me disais : « Nous aussi nous les avons tués, nous aussi... » Et avec un frisson d'horreur je me demandais si pendant la Résistance moi aussi j'avais contribué à la mort de quelque Allemand. Je me le demandais, oui, et en me répondant peut-être que oui, sûrement que oui, j'éprouvais une sorte de honte. Il me paraissait avoir combattu au Moyen Âge, quand Florence et Sienne se faisaient la guerre et l'eau de l'Arno devenait rouge de sang, le sang des Florentins et le sang des Siennois. Avec un frisson de stupeur je contestais ma fierté d'avoir été un soldat pour ma patrie, et je concluais : « Assez, assez ! Mon père a raison ! Europe, Europe : il faut faire l'Europe ! » Bon. Les Italiens des Italies qui ne sont pas mon Italie disent que nous avons fait l'Europe. Les Français, les Anglais, les Espagnols, les Allemands qui leur ressemblent, aussi. Mais ce Club Financier qui vole mon parmesan et mon gorgonzola, qui sacrifie ma belle langue et mon identité nationale, qui m'emmerde avec ses bêtises et ses pitreries, qui parle d'Identité Culturelle avec le Moyen-Orient et fornique avec ses véritables ennemis, n'est pas l'Europe dont je rêvais. Il n'est pas l'Europe. C'est le suicide de l'Europe.

Et cela dit, je reviens à l'Italie. Je termine de la manière qui suit.

\* \* \*

Quelle est donc mon Italie ? Très simple, mon cher. Très simple. C'est une Italie totalement contraire aux Italies dont j'ai parlé jusqu'ici. Une Italie idéale. Une Italie sérieuse, intelligente, laïque, courageuse, digne de respect. Une Italie qui défend ses valeurs, sa culture, son identité nationale. Une Italie qui ne se laisse pas intimider par les fils d'Allah et par les Fouché, les Barras, les Tallien du nouveau conformisme. Une Italie fière de soi-même, une Italie qui met la main sur son cœur lorsqu'elle salue le drapeau pour lequel nous sommes morts. L'Italie, en bref, dont je rêvais quand je n'avais pas de chaussures mais j'étais pleine d'illusions. Et cette Italie, une Italie qui existe, oui, qui existe même si elle est raillée insultée forcée à se taire, gare à qui me la touche. Gare à qui me la vole, gare à qui me l'envahit. Car que ses envahisseurs soient les Français de Napoléon ou les Autrichiens de François-Joseph ou les Allemands de Hitler ou les turbans d'Oussama Ben Laden, pour moi c'est pareil. Que pour l'envahir ils emploient des canons ou des canots pneumatiques, c'est la même chose.

Stop. Ce que j'avais à dire je l'ai dit. La rage et l'orgueil me l'ont ordonné, la conscience nette et l'âge me l'ont permis. Maintenant, stop. Point et stop.

ORIANA FALLACI

*New York, Septembre 2001*

Cet ouvrage a été
imprimé sur presse Cameron
par **Bussière Camedan Imprimeries**
à Saint-Amand-Montrond (Cher)
pour le compte des Éditions Plon

Achevé d'imprimer en juin 2002.

N° d'édition : 13515. — N° d'impression : 022958/1.
Dépôt légal : mai 2002.
*Imprimé en France*